바람의 동행

늘 그렇게 출근하시는 모습만 볼 줄 알았는데
아버님이 정년을 맞으시니 가슴이 아려옵니다.
문학과 교육과 가정밖에 모르시던 아버님.
그 동안의 자취를 모아드리고자 자녀들이
작은 정성을 모았습니다.
늘 건강하시기를 축원 드립니다.

딸 조 현(공주교육대학교 졸업, 초등학교 교사, 교육학석사)
사위 김수배(미국 일리노이대 공학박사, 한국전력 책임연구원)
외손녀 김은재
아들 조한진(서울대학교 졸업, 행정고시 합격, 관세청 행정사무관)

바람의 동행

조 근 호 시집

오늘의문학사

시인의 말

바람과 함께한 시간 속의 여행

나는 늘 바람(所望)과 함께 살아왔다. 오늘보다는 내일은 더 좋아질 것이라는 바람을 안고 살아온 길이다. 때로는 바람대로 이루기도 하고 좌절하기도 하면서 살아온 길이지만 돌아보면 무엇 하나 소중하지 않은 것이 없다.

교직의 길에서는 나라의 훌륭한 인재를 육성한다는 꿈으로 살아왔고, 시업(詩業)에서는 무릎을 칠 만한 좋은 작품을 쓰겠다는 바람으로 힘을 쏟으며 살아왔다. 설사 빈손에 달빛만 가득 고일지라도 나의 바람을 추구하는 삶은 생이 다하는 날까지 계속 이어질 것이다.

약관의 나이에 들어섰던 교직 생활. 가슴 속 깊이 덮어두려 해도 추억은 끝이 없고 애환과 환희는 마냥 뒤엉킨 채 소중했던 시간들은 그렇게 흘렀나 보다. 그 동안 걸어온 교직의 길, 밀림은 만들지 못했더라도 작은 꽃밭이나마 일궜다면 얼마나 다행이랴!

세상에 태어나 흔적을 남기며 살아갈 수 있도록 재능을 주신 하늘나라 부모님께 큰절 올리며, 행복한 가정을 이끌어 준 아내(尹貞淑)와 잘 자라준 현(賢) 한진(漢珍) 남매가 그저 고마울 뿐이다.

무엇 하나 크게 이루지 못한 지난날들을 아프게 사랑하며, 후후 불면 다 날아갈 것 같은 쭉정이들인데 소중한 자녀들이 흔적으로 묶어 준다 하여 용기를 내 본다.

귀중한 시간을 내어 서평을 허락해 주신 박영교 사백과 출판을 맡아주신 리헌석 사백께 고마운 인사 드린다.

2012년 10월 13일

淸浪詩房에서

차례

1부 살며 사랑하며

2부 세상 사는 이야기

3부 바람 따라 흐름 따라

4부 바깥나들이 시편

5부 동심 속에 젖어 살며

1부

살며 사랑하며

나의 기도

하늘을 우러르며
기도하게 하소서.

은혜와 감사 속에
내가 젖어 있음과
건강한 육신으로
활보할 수 있음과
사랑하는 가족이며
좋은 이웃이 있음과
무엇보다도
당신께 사랑받고 있음을
감사하게 하소서.

돌아서
이 너른 세상을
사랑하게 하소서.

아내에게

결혼하고 삼십년이 다 되어가는 해에
딸을 결혼시키며 떠오르는 후회가 있다.
그동안 사랑한다는 말 한마디 하지 못했던…….

번듯한 옷 한 벌, 따뜻한 웃음 한번
근사한 식사 한 끼 사주지 못한…….
어쩌면 그리도 멋없이 살았는지 아려오는 가슴이다.

낡은 청바지 하나로 한여름을 넘기며
얇은 월급봉투를 이렇게 저렇게 쪼개던 아내
못 본 체 살아온 날들이 해당화보다 아파라.

의젓하게 잘 자라준 남매를 바라보며
사는 일 그 자체가 행복이라 여기는 당신
찬란한 햇살의 뜨락에서 활짝 웃으며 사시게.

찬란한 여백

— 딸, 그리고 아들에게

내게 다가온
너희들의 모습은 정말 환희였어.
산이 산끼리 모여
스크럼을 짜고 살듯
우리는 흔적을 만들며 출렁이는 강이었지.

갖가지 경보음이 울곤 한단다. 살다보면
쉽게 흔들리지 않는 것도 헤쳐가는 방법이지.
저토록 고운 햇살이 네 하늘에 걸렸잖니?

스스로 돌아보아 당당할 수 있다면
우리, 무엇을 망설이랴 청초한 꽃피우기
삶은 늘 미완의 여백
그래서 더욱 찬란한.

향기롭게 살아라

— 사랑하는 딸과 사위를 위한 시

하나가 산이라면 또 하나는 숲이 되어
아끼고 감싸주며 복된 삶을 가꾸면서
언제나 바라만 보아도 든든한 사람이거라.

모자란 건 채워주고 잘하는 건 본받으며
마음을 함께 하면 바윗돌도 가벼운 법
눈빛만 바라보아도 마음 헤아리며 살아라.

산이 높을수록 그림자도 멀리 간단다.
어른들께 사랑 받고 동기간은 위해주며
영화 속 주인공 되어 향기 넘치게 살아라.

예쁘고, 건강하고, 총명하게

— 은재의 출생을 축하하며

신록이 산천을 뒤덮은 아름다운 오월.
라일락꽃 향기가
온 강산을 물들인 날
너는 그렇게 우리 곁으로 왔구나.

해와 달도 너를 위해 더욱 곱게 빛나고
바라보는 눈길마다 행복 가득 웃고 있나니
부모님의 깊은 뜻 알뜰하게 헤아리며
너른 세상 채워 나갈 은혜로운 인재 되어라.

얼마나 기다리던 긴 시간이었는지
우리 모두는 애타게 기다렸단다.
맑은 향기 발산하며
모든 이에게 사랑받고
세상을 이끌어 갈 귀한 보석 되어라.

세상을 밝히는 빛이 되어라

— 은재 백일을 축하하며

이 세상 어떤 꽃이 너보다 더 예쁘랴.
영롱한 눈빛으로, 반듯한 이목구비로
참으로 복된 가정에 태어남을 축하한다.

우리 품에 네가 온 날부터 바람도 상큼하고
햇살도 달빛도 너를 위해 빛을 더하나니
네 앞에 펼쳐진 세상 푸른 꿈을 펼쳐라.

부모의 영특함을 고스란히 이어받고
동기간 우애하는 그 모습도 본받으며
사랑은 가슴 가득 품고 세상 밝힐 빛이 되어라.

굽이굽이 꽃이거라

— 조한진 서울대 입학을 축하하며

줄기가 무성하면 뿌리도 기쁘단다.
굳건히 선 네 모습을 난 이렇게 찬미하나니
나에게 든든한 줄기 있음이
하늘 가득 기쁨이다.

늘 바라본 창가에 햇살이 눈부신 날
넌 그렇게 더 넓은 세계로 나래를 펴고
나는 또, 듬직한 언덕에
또 하나 소망을 심는다.

물줄기를 거슬러야 큰 고기가 된단다.
시름일랑 맑게 씻고 푸른 하늘 휘저으며
네 앞에 펼쳐진 세상
굽이굽이 꽃이거라.

고지에 올라서서

— 조한진 행정고등고시 합격 축하

남다른 집념으로 바위를 뚫어가며
힘들어도 내색 않고 장하게 삶을 일궈
마침내 올라섰구나!
행정고시 높은 봉峰을….

아들로 태어날 때
서울대 입학할 때
커다란 기쁨 주어 가슴 뿌듯했었는데
다시 또, 행정고시 합격하며
하늘 날게 하였구나.

수영대회 앞서가는 꿈
비행기 솟아오르는 꿈
살구꽃 만발한 꿈
말을 타고 출근하는 꿈
아비가 좋은 꿈꾸었으니 가문 더욱 빛내거라.

흔적에 대하여

돌아보면 허전한 것이 어디 세월뿐이랴

땀 젖은 일기장이 실핏줄을 적셔오는데

저린 발 절룩이면서 일어서는 부활의 강.

가슴이 묻히도록 의혹이 난무하는 땅

돌아가 쉴 곳 있음이 더없이 다행인 날

내 몫의 자리를 펴고 외워보는 주기도문.

멸치와 바다

오늘도
태풍경보는 계속 발효 중이다.
세상은 풍요로운 네온불로 넘실대는데
네 작은 내장 속에는 검게 타버린 애간장 뿐.

촉촉이 간이 배어 등뼈시린 속살 깊이
넘칠 듯 푸른 바다 찐득한 삶이 고여
한참을 우려내고도
해체할 수 없는 몸뚱아리.

잔뜩 무장한 채로
살 냄새만 풀어내어
어깨 찌든 아비들의 쓰린 속을 풀어주며
한 아름 안고 온 바다
온 세상이 출렁인다.

가을 벌판에서

가을 들녘에 서면
나는 바람이 된다.
소유하지 않아도 넉넉한 산야山野 속을
아득히 혼절할 때까지 달려보고 싶다.

저물녘 돌아올 때면 빛깔 좋은 새가 되어
사랑조차 쪼아보자. 빛나는 부리 끝으로
내일은 또 내일의 하늘로
비상하는 꿈을 꾸며.

참 아름답다
익어가는 풋사과에 걸린 햇살은.
가시 박힌 언어마저 억새꽃을 닮아가는데
나직한 초가 사이로 파고드는 저녁놀.

유년의 강

물살에 반사되는 햇살은 참 아름답다.
긴 성벽을 돌아야만 만날 수 있는 내력의 강
아직도 물수제비뜨던
추억이 강을 지킨다.

작은 바람에도 흔들리던 갈잎의 노래
몇 번씩 쓰러졌다 단정하게 일어서던
마침내 낡아서 희미해진
유년기의 흑백사진.

우두둑 부러진 채 흐르는 시간 위로
푸른 대밭에 출렁이는 눈부신 나비의 춤
아득한 자작나무 숲으로
길이 하나 보인다.

오후의 수채화

이제는 풀고 살자
명치끝에 걸린 매듭.
그날이 그날이던 삶 강물 속에 반쯤 잠겨
추억도 이쯤에서 보면 가시풀로 돋는다.

아직도 낯이 설어 신트림이 나는 역사
흔들리는 갈대 사이로 핏방울이 엉겨오면
풀린 채 흐르는 강물 위로
넘실대는 은어떼.

육지의 끝에라야
꿈틀대는 바다가 있다.
무채색 바람결에 얼룩진 내 안인데
아직은 출렁이는 바다
돛배 한 척 띄운다.

삶, 그 반짝이는 무늬

그대, 기억하는가
바삭거리던 유년의 빛을.
때로는 여울지며 때로는 반짝이며
그렇게 흘러온 길에 머물다 간 시간의 늪.

부서져 흐르는 물무늬는 영원한 것
살아있음이 아직은 맑고
비어있음이 기쁨인 날
뉘라서 아프도록 부신 흐름 위를 걷는가.

지금,
투명한 안개의 숲에 살아있는 내 노래여.
무뎌진 어깨 위에 바람의 무게가 얹히면
쉼표와 마침표 사이에서
다시 돋는 푸른 날개.

하얀 목련이 피면

모락모락 피는 정을
어쩔꺼나 어쩔꺼나.
청동빛 바람결에 숙성시킨 이야기가
심줄 끝 가슴앓이 풀리며 타오르는 혼불이다.

가지 끝에 매달리는 햇살조차 은총인데
차마 건네지 못한 사랑한단 말 한 마디
차라리
가슴을 열어 야위도록 접는 밤.

침묵보다 더욱 무거운 지명知命 속을 헤집으며
열원熱願의 손끝마다 빚어보는 내 노래여.
덧없는 삶이라 해도
그냥 그렇게 웃기로 하자.

포장마차

진눈깨비 내리는 날엔
듣고 싶은 이야기가 있다.
철철 넘치도록
가슴조차 열어놓고
잊혀진 아버지의 증언을
돌이켜 듣고 싶다.

돌아가 쉴 곳 있음이
더없이 다행인 날
무엇을 기다리며
흘러 온 먼 길인가
이 땅에 남겨질 그림자 하나
선명하게 새기고 싶다.

오월의 기도

오월에는
새싹을 닮도록 인도하소서.
아직은 여리지만 향기로 가득한 세상
힘차게 열어갈 새싹 사랑하게 하소서.

오월에는
바다를 닮도록 인도하소서.
자식을 위해서라면 무엇이든 받아들이는
이 땅의 모든 부모 마음 그대로 닮게 하소서.

오월에는
부드러운 물을 닮도록 인도하소서.
제멋대로 생긴 돌들 망치로 깨지 않으며
동그란 조약돌로 다듬는 스승이게 하소서.

국화향, 그 삶의 향기

국화 몇 송이 다기茶器에 넣고
계절을 우려낸다.
희미한 기억 언저리
넘실대는 얼굴 얼굴.
모두 다 그리움이다
향기 짙은 세상이다.

아직은 말이 없는
우리들의 미래여!
햇살도 찾아들고
마음이 빗장을 풀면
무사히 늪을 건넌 하루가
넘실대는 축복이다.

작은 행복

아침에 눈을 떴을 때
해야 할 일이 있음과

건강한 몸과 마음으로
세상을 볼 수 있음과

어쩌다 외로울 때면
푸른 하늘 바라보는 것.

연꽃, 그 눈부심을 위하여

— 궁남지에서

하늘빛이 푸를수록 타오르는 뜨거운 가슴
알 수 없는 피안을 향해 꽃은 그렇게 웃는데
나 또한 행복이었음을 문득 깨치는 햇살이다.

가슴에 담아둔다는 게 억울할 때도 있었지
꽃잎 스치는 바람결에 들려오는 해탈의 함성
내 안을 들여다보며 녹슨 이야기 솎아낸다.

지천명을 살아오며 다져온 숱한 언약
받은 만큼 돌려주며 뒤돌아 부끄럼 없기를
해맑은 네 모습 보며 하늘을 우러른다.

연꽃 이야기

주어진 내 터전을
원망 없이 살아왔다.
진흙으로 삭아버린
민초들의 아픈 가슴
해맑은 미소 지으며
전해주고 싶었다.

뜨거운 탄성소리는
애당초 원하지 않았다.
보아주는 그대 있어
나는 이렇게 행복한데
여기에 더 무얼 바라랴
애증조차 꽃이 된 것을…….

쉬었다 가세

여보게, 쉬었다 가세
아직 할 일이 많은 것을.
흰구름도 노을 베고 저렇게 누워 있잖은가.
우리네 아름다운 삶은 아직도 진행형이네.

가슴은 뜨겁지만 생각은 늘 바쁜 대로
한 번도 거부함 없이 살아온 반평생이지만
대숲에 바람소리 들리거든
빈 잔을 채워보세.

비탈길을 오르면서
앞만 바라본 오십년 세월
지나온 길 그런대로 빛깔 곱게 화사한데
촉촉이 젖은 소매를 접고 크게 한번 웃어보세.

장모님

— 첫 제삿날에

가을이 무르익을 무렵 딸네 집에 오셨다가
아파트 창문 밖을 보시며
"단풍빛이 참 곱기도 하다."
감탄을 하시던 장모님!
그곳 단풍빛도 곱던가요?

장태산 기슭에서 단풍 구경 시켜드린 뒤
흑석리 추어탕 집에 들러 맛있다며 드셨지요.
지금도 음식맛은 그대론데
자리 하나가 비었네요.

삭막한 정월달에 허위허위 가셨으니
가시는 길목마다 얼마나 허전하셨으리.
제삿날 모두 모였는데 장모님만 안 계시네요.

삼산리 · 1

바람은 늘 그렇게 남쪽으로부터 내게 왔다.
드넓은 논산평야 거침없이 가로질러
몰아온 남녘 소식을
작은 가슴에 펼쳐놓았다.

댓이파리 갈피마다 푸르게 숨어들어
아직도 모락모락 풀어내는 옛이야기
가끔은
어머니 목소리로 이명처럼 울려온다.

이순耳順의 마루에서

앞만 보고 살아온 날들 꿈결인양 돌아보면
죄짓지 않고 산다는 게 말처럼 쉽진 않았지.
작설차 은은한 향에 내려앉는 하얀 서리.

세찬 바람이 불 때면
더욱 꼿꼿하던 뼈대.
내 작은 울타리 속에서
든든하게 소망이 자라
이제는 버팀목으로
나를 감싸주는 의자여!

사는 일 별것 아니라고
허풍 떨던 시절이 있었지.
아침 까치소리에 가슴 설레며 살던 나날.
이제는 향긋한 바람결에 귀 기울이며 살고 싶다.

소리, 그리고 묵음默音

작지만 소리 지를 기력이 있었지 우리.
오염과 순수 사이를 뚜렷이 언쟁하며
아, 정말 목울대 곧추세우며
살던 때가 있었어.

언제까지
미래형의 꿈만 꾸는 백지인가
치러야 할 죄값이라면
투명함이 죄인 것을…….
부러진 강심江心 사이로 짚어보는 푸른 맥.

직립의 유품들이 만장輓章으로 펄럭여도
혼절한 햇살 앞에 환생의 꿈을 꾸는
어쨌든 결빙을 풀자
우리들의 시대여.

난타 시대

예전엔 족보도 없던 것들이
난타라는 이름으로 등장하였다.

남비 뚜껑, 빨래판, 스텐 밥그릇
윷가락, 페트병, 나무 도막들이
저마다의 둔탁한 소리로
괴성을 지르며 난장판을 벌이고 있다.
어찌 들어보면 그런대로 개성 있어 보이고
다시 들어보면 가락도 없고 음정도 없고
오로지 제 목소리만 질러대며
남의 혼을 빼놓는 난타.

그 누가
족보 없는 물건들을
악기라고 불러 주었을까.

물총새

탁류에 발을 담그고 살아가는 까닭은
생존의 물결 위에 두 눈을 번뜩이며
물무늬
그 공간 사이로 다져지는 속살 때문.

회색빛 빌딩 위에 햇살은 눈부셔도
죽지 접은 깃털 사이 삶은 마냥 힘겨운 것
단 한 번
실수 없는 사냥을 위해
핏발 세운
눈빛
눈빛.

햇살 축제

슬픔이 삭고 삭아 한숨이 되기까지
한숨은 꽃을 피워 노래가 되기까지
여리디 여린 목숨을 세워
탈춤 추는 광대 얼굴.

햇살바라 누벼온 삶 회한 깊은 태백의 들녘
참담한 비감悲感으로 불씨를 다독이며
짜릿한 고통 하나에도
낯붉히는 꽃이었지.

껍질 속에 익힌 미소 이제 낙과落果로 벗고
굳어진 마음들을 정情 하나로 녹이며
어렵게 다가온 햇살
창세기의 봄이었네.

빨래

빨래를 하면서
아내는 무슨 생각을 할까?
한 스푼의 세제가 빨래통을 가득 채우듯
살림을 부풀리는 비누가 있었으면 할까?

주부가 해야 할 일은 끝내주게 하는 아내
양파 같은 허구의 삶을
팔이 저리게 닦아보지만
빛바랜 빨래거리는 백기처럼 나부끼고.

씻을래야 씻을 것도 없는 투명한 삶이라서
바람에 훌훌 헹궈 남루마저 떨어내면
찬란히 빛나는 햇살 사이
꿈을 꾸는 연자방아.

2부

세상 사는 이야기

겨울 갈대숲・6

— 부활의 강

이 시대에
우리가 해야 할 일은 무엇인가
쑤셔오는 뼈마디 굳어가는 핏줄 사이로
점령군, 그 당당한 기세의
눈발이 날리고 있다.

청동빛 바람결에 타오르는 갈증……갈증
산조차 등이 시려 돌아앉은 겨울 들녘
봄으로 가는 길목 위에
먼 햇살이 타오른다.

누구냐,
서걱이는 갈대숲을 흔드는 이는.
철새가 남기고 간 상형문자 사이사이
언 발은 녹이며 살자
부활의 강 꿈을 꾸며.

겨울 갈대숲 · 7

— 위대한 흐름

그대, 육신 깊은 곳의 수액 한 방울까지
모두 다 앗아가 버린 황량한 들녘인데
아직도 세찬 바람 앞에서
신음해야 하는가.

지나간 바람은 춥지 않다 했지.
선명한 지문 속에 살아있는 주민등록증
떨친 듯 남은 목숨을 다독이는 갈대여.

땀 젖은 뿌리 사이로
물결치는 부활의 강.
뒤척이는 가슴 위에 무서리가 쌓이는 날
더러는 꺾여진 역사를 다시 적는 갈대숲.

겨울 산가山家

언제인가………
산번지에 편지가 날아왔던 날이.
이제 열병도 식어 가라앉은 앙금인데
숨죽인 바람 사이에서 가랑잎이 흔들린다.

아득한 산마루에 화답하는 노을 한 점
깃발로 흔들리는 억새꽃의 이야기가
더듬어 살아온 산길에
또 하나의 골이 된다.

산새조차 오가지 않는
잔잔한 고요 속을
길은 어쩌자고 마을로 향하는가
잊혀진 역사의 숨결에 불어오는 남동풍.

셀 수 없이
(혼절했다)……깨…어…나…는 계절의 흐름
뎁혀 놓은 구들장이 절절 끓는 이 한 밤에
산들도 짐을 벗어놓고 겨울 속에 잠긴다.

새들에겐 날개가 있다

대전역 지하도에는
날개 접은 새들이 있다.
먼 하늘 우러르며 상념에 잠긴 채로
아직은 미로를 찾지 못해
하루 종일 꿈만 꾸는.

왜소한 그림자를 무심코 돌아보면
애틋하게 젖은 채로 다가오는
눈빛, 눈빛
지금쯤 내 둥지에는
따스한 체온 남았는지.

어깨의 군살마저 풀어지는 침묵의 강
촉촉한 눈빛만 살아 차갑게 번뜩이며
훠얼훨 안개 숲을 뚫고
솟구치는 꿈을 꾼다.

독도, 영원한 애정

뼈를 깎는 외로움을 파도에 달래면서
한반도의 아침을 불러오는 나의 독도여!
어쩌다 심장이 멎도록 아픈 설움 겪는가.

한민족의 혈맥이 뜨겁게 뛰는 독도
소중한 땅 지키고자 피 흘린 역사인데
아무나 따먹어도 되는 개똥참외 아니다.

멀리 있다 하여 소중한 자식이 아니랴.
한 번도 품에 안아주지 못해 가슴 아픈데
안 된다, 건들지 마라
한반도의 피붙이거늘.

나의 하느님께 · 4

— IMF 시대를 살며

사랑하는 나의 하느님
허리가 답답해요.

새벽종이 울렸다고 떠들어대며
조국근대화를 억세게 부르짖을 때부터
희망찬 내일을 위해 조금만 더
허리끈 졸라매고 살자고 하길래
말없이 잘 따랐었잖아요.
그 동안 너무나 조이며 살아온 허리라서
이젠 숨쉬기도 어려운 판에
아이 엠 에프라나 뭐라나 떠들어대며
고통 분담을 같이 하재요 글쎄.
하긴 저희들도 앞뒤 못 가린 잘못도 있어요.
경치 좋은 곳마다 식당이요, 물 좋은 곳마다
들어선 것이 러브 호텔이더라구요.
그래도 어쩐대요 나라가 이 꼴인데…….
별 수 없이 허리띠에 구멍 하나
또 뚫어야 할까 봐요.

하느님

우리는 애당초부터

고무줄 바지가 어울리나 봐요.

나의 하느님께 · 5

— 엄청난 폭우 앞에

사랑하는 나의 하느님
정말 너무하신 것 아녀유?

남보다 낮은 자세로 굽혀주며 사느라고 저지대에 살면서 지하 셋방에 사는 것이 죄가 되남유? 엄청난 폭우로 싹 쓸어버릴 곳은 날마다 밥그릇 싸움만 해대는 이상한 곳이지 우리네 달동네가 아니란 말여유. 즈네들 잘 먹고 잘 살 때는 아는 체도 않다가 우리가 일 당하면 사진빨 세우러 오는 사람들인 거 다 아시잖아유. 수재의연금도 얼마나 내는지 알 수가 읎슈. 방송에서도 그냥 금일봉이라고 허니께 알 수가 있남유. 이 어려운 세상 몸바쳐 일하던 직장에서는 퇴출꺼정 당하여 아득한 판에 길바닥을 안방삼아 누워 자는 불쌍한 실업자 천국에 이러시면 안되지유. 살기 좋은 고장으로 만들겠다고 떠들어대던 입님들은 그동안 뭘 했대유? 또랑 하나 제대로 안 만들어 놓고…….

하느님
마음에 두진 마셔유
홧김에 그냥 해본 소리유.

솔숲에서

정정한 솔숲에서
솔거의 음성을 듣는다.
얼다가 풀리다가 흘러온 반만년이
청아한 눈빛이 되어 새를 불러들인다.

붓 끝에 혼을 심던 땀 젖은 무명 적삼
문득 일어서던 바람 앞에 부활하는 강물소리
찔레꽃 가시를 밟고
다가오는 그대여.

남루는 벗어 놓고
시름조차 접어두고
먼 먼 귀울림으로 다져온 역사 앞에
묵시의 눈먼 청보리가 꿈을 엮고 있구나.

비오는 날의 풍경

나직한 마음 풀어 은빛 비단 짤까보다
삶의 매듭 풀어내어 곱게 곱게 짤까보다
솔바람 그도 젖거들랑 그대 생각 할까보다.

새소리도 흠씬 젖어 깃털 속에 잠길 무렵
그대는 지금 어디에서 남은 정을 엮어갈까
깊은 강 여울소리 헤아리며 엽서 한 장 띄운다.

못 돌아올 강물 위로 흘러가는 여백인데
굽이돌아 헤쳐 온 길 울려오는 퉁소 소리
잔잔한 음계를 밟으며 억센 하루가 젖는다.

바람과 억새

신열 앓는 대지 위에
사념의 꽃 피워놓고
청산을 굽이돌아
홀로 짓는 공간인데
그래도 흘러야 하는가
무채색의 살풀이굿.

짓누르는 무형의 나래
뒤척이는 사금파리
굳어가는 실핏줄에
햇살이 쏟아지면
수묵화 한 귀퉁이쯤
흔들리는 여백을 본다.

바람, 그리고 흔들림

달빛은 강이던가
구름 따라 흐르는 여울
회한의 가슴으로 휘휘 도는 발길인데
몸으로 우는 풍경소리에 흔들리는 산그림자.

빈듯하던 가슴에도 아직 남은 애모의 줄기
노을 젖은 산마루에 회심곡이 피어나면
비명碑銘에 새길 이름 하나
윤나도록 닦는다.

태백에 깃발 꽂은 이후 흘러온 유랑의 길
더러는 몸살 앓으며
때로는 체념도 하며
창가에 달빛 서성이면 꽃이 되는 거문고.

풍장風葬

훨훨 날려 보내라
세기말의 한숨까지.
흐릿한 바람결에 녹슨 역사를 풀고
더러는 갈대 끝에 앉아 햇살 한 줌 기다려라.

지금 여기, 혼미의 땅에 남은 것은 무엇인가.
혼자 울며 태어난 땅 삶은 늘 외줄타기.
삭발한 바람 줄기가
후후 불며 지피는 혼불.

아직은 설움이다.
침묵해야 한다는 것은.
상처 난 폐허에서 민들레가 피어나듯
달빛은 더욱 영롱한 채 일어서는 꿈을 꾼다.

소라와 바다

빈 소라 껍데기에
가득 고인 파도 소리
비워진 가슴만큼 아련한 추억인데
먼 바다 뱃고동소리에 춤을 추는 물결이다.

물은 물이라서 물소리만 빚어내고
바람은 바람을 불러
머리칼을 헹구는데
흩어진 섬들 사이로 달려오는 갯내음.

문득 비워내고 싶다
내 안의 설움덩이.
머리칼마다 엉겨 붙은 애증조차 떨쳐버리면
아득한 수평선을 타고 다가오는 돛배여.

갑천에서

살아있어야 한다. 뼈만 남더라도
햇살이 눈부시던 찰랑대던 그대 언어
아직은 얘기를 나누자 갈잎 사이 물새들과.

갈수록 숨이 가쁜 뼈아픈 생존의 강
씻기 싫은 지느러미 숨막히는 흐름 위에
개망초 흐드러진 언덕 노을빛도 함께 탄다.

너와 나 사이에는 늘 그 만큼의 거리
버리고 싶지 않은 풍경이 거기 있어
등 굽은 은비늘이라도 바라봐야 하는가.

어쩌지 못할 입덧처럼 충혈되는 한 시대여.
뻗어가는 물풀 줄기 질긴 심줄 풀리더라도
생명의 법전을 들추며 가자, 푸른 바다 찾아서.

흐름, 그 뒤안길에서

허물어져가는 시골집에는 우렁이의 삶이 있다.
어미 살 다 갉아먹던 새끼들은 보이지 않고
까칠한 손등을 매만지며
남새밭 매는 우렁이.

만지면 부서질 듯한 뼈마디를 추스르다
봉숭아 꽃잎에서 들려오는 웃음소리…….
지금은 까마득 잊어버린 살구 줍던 아이들.

수숫대로 목이 굽어 석양빛에 붉게 타도
너는 내 핏줄이거니
내 하얀 뼈이거니…….
흐르는 물살에 기대어 아픈 삶을 깁는다.

물이 흐르듯 · 1

돋보기를 벗으면
나도 모르게 찡그리며 본다.

이 좋은 세상 무엇이 못마땅하여
찡그리느냐며 가족들이 나무란다.
언제부터 눈에 힘을 주며 살았는지
꿋꿋하게 힘이 들어가 있나보다.
조금은 부드럽게 바라보고
조금은 자상하게 살아가야 할 나이에
눈의 힘부터 뺄 일이다.

가끔은
입장 바꿔 생각하며
부드럽게 살 일이다.

물이 흐르듯 · 2

갑자기 목이 뻣뻣하며
자연스럽게 움직일 수가 없다.

고개를 돌릴 때마다
심줄이 땅기며 목줄기가 아파서
불편하기가 말할 수 없다.
남들은 목에 힘주고 사니까 그렇다며
목에서 힘을 빼고 살라며 웃는다.
별것도 아닌 세상을 살면서
나도 모르게 꼿꼿이 목을 세우며
근육이 뭉치도록 살았나 보다.

가끔은
남의 입장에서
부드럽게 살 일이다.

역모의 꿈

강물도 살다보면 역모의 꿈을 꾼다.
물속 깊이 뼈를 묻고 출렁이는 저 몸부림
밤이면 갈대들과 어울려
승천하는 꿈을 꾼다.

부글대는 삶일지라도
차마 밟을 수 없어
시뻘건 황톳빛 물살 서서히 가라앉히며
억겁의 질긴 숙명 앞에 역류하지 못하는 강.

누가 말했던가
용서는 위대하다고.
온갖 잡스런 마음 씻어주는 적멸 앞에
세상은 그냥 그렇게
푸른 꿈을 꾸며 산다.

빈 들녘에서

애당초 내 것이었던 것은
아무 것도 없다.
직진하는 빛살들만 질펀하게 누워 있는 곳
한 때는
생명이 충만한 숨결들이 넘쳤는데.

은밀한 수작들도 이제 모두 끝나고
수화조차 멈춘 채로
역모의 꿈을 꾸며
이렇게,
그냥 이렇게 기다리는 홀씨 한 줌.

카페에서

내 인생의 성적표는 몇 점쯤이나 될까
남들처럼 그냥 그렇게 살아온 목숨인데
어쩐지 그냥 자신 없음이
허송세월 탓이리.

그럴싸한 설계도 없이
허위대며 살아온 나날
집 없는 새 한 마리조차 저렇게 자유로운데
쌓아둔 시집 뭉치가 나를 힐끗 바라본다.

빛과 소리의 향연

— 조용필 콘서트에서

가득 메운 월드컵 경기장
함성은 하늘로 솟고
열창의 도가니 속에서
갈증 씻는 우리 시대.
열어라.
가슴 후련하게
모든 것을 다 잊고…….

터지는 폭죽 속에
설움은 부서져 내리고
선율 따라 흔들리는
야광봉夜光棒의 거센 물결
사는 일
잠시 잊는다 해도
죄가 되진 않으리.

가랑잎 단상斷想

땀나도록 살아온 일상
훌훌 털면 빈손이고
목청 다한 삶의 노래
부르고나면 적막인 걸
싱싱한 햇살 받으며
살아온 게 축복이다.

청동거울 닦는 세상
인생길은 초행인데
떨리는 가슴으로
어지럽던 춤사위
나만의 강줄기를 열어
달빛 가득 품는다.

가을 그림자

새로 바른 한지창韓紙窓에
묵매墨梅치는 달그림자

바람도 숨을 죽여
울밖에 서성이는데

먼 데 산 산꿩 소리에
작은 귀를 키운다.

적막도 깊어지면
시름되어 흐르는 것

덮어 놓은 책갈피를
탈출하는 집념의 강

끝내는 절망을 벗고
길을 여는 시간의 벽.

존재, 혹은 흔들림

흔들림이 있는 것은 살아있음의 표상이다.
이러지도 저러지도……
결정 못해 흔들릴 때
아직은 중요한 일에 내가 존재하고 있음이다.

밭두렁의 풀잎조차 아슬한 떨림의 끝
소나기 채찍질에 몸살 앓도록 젖고 나면
그래서 더욱 살맛나는 것
쪽빛 하늘에 새기는 이름.

흔들리며 살아온 길 빛깔조차 찬연하고
부대끼며 내린 뿌리, 줄기 더욱 무성한데
아직은 더 흔들려야 한다.
꽃빛 고운 날을 위해.

산채비빔밥

의미 없는 삶이라도
어울리면 빛나는가?
저마다의 성품 안고
뒤섞이는 산채비빔밥.
덕유산 향기도 함께 녹아
맛깔스런 한국의 맛.

콧등이 시큰하도록
인정 속에 사는 세상
언젠가 이루어질
만선의 꿈을 안고
웃음도 함께 버무려
다스리는 명치 끝.

길목

사람 사는 마을마다 어김없이 길은 있어
나름대로 닦아온 삶 빛깔 곱게 윤나는데
아무리 돌아보아도 모락모락 돋는 허기.

채울수록 살아 오르는 게 어디 욕망뿐이랴.
등줄기 시리도록 허위대며 살아온 길
한숨도 사치라는 것을 새삼스레 깨닫는다.

청산에 해 돋듯이 의욕 또한 솟는 것을
유년의 발자욱은 추억 속에 묻어 놓고
찬란한 오후의 햇살에도 가야할 길은 있다.

오후의 자화상

퍼 올려도 끝없는 게
어디 추억뿐이랴.
돌아보는 능선마다 아롱지는 꽃무리들
살아온 기나긴 행로
새 입질을 시작한다.

솎아내고 싶은 것이
지난날의 아픔뿐이랴.
상처도 돌아보면 애틋한 연민인데
펼쳐질 푸른 예감에
다시 그리는 조감도.

흔들리고 싶은 날

한 줄기 바람에도
몸살 앓는 개망초꽃.
저리 고운 햇살 앞에
푸름 안고 나와서면
저만치 화사한 노을
옷자락을 펼친다.

불어오는 바람은
늘 그렇게 낯이 설어
땀 흘리며 터를 닦던
우리들의 불문율.
급 낮은 삶일지라도
신열처럼 뜨거운 일상.

일출기

밤새껏 부대끼다 흰 빛 한 점 세워놓고
바다는 돌아누워 산후병을 앓고 있어
뼈끝을 저미는 태동 꿈틀대는 날빛이여!

마지막 기름불에 살라버린 형벌인데
어젯밤 달무리에 구원久遠으로 돌던 세월
정결히 열린 문으로 일어서는 빛, 빛살.

아득한 원시림에도 빛은 살아 있었거니
묵향으로 번져나는 깊숙한 희열이여!
꽃들이 웃는 소리를 영상으로 듣는 아침.

백자 앞에서

임진란에 죽은 도공陶工, 죽어 하얀 흙이 되다.
회한 속에 묻힌 임네 한 조각 심장만 살아
살과 뼈 뜨겁게 비비며
피로 짜던 월광곡.

빛이 선다.
가랑잎에 묻힌 임의 서러운 눈빛.
흙 묻은 숨소리를 역사 앞에 정결히 씻고
청청한 씨알을 캐며 퍼져나는 흰 빛이여!

천년 세월 사무친 혼 강 따라 다 흘렀어도
점토로 앓던 넋이 달빛 먹고 우뚝 솟아
비로소 옷고름 풀며
아! 숨을 쉬는 목숨 한 점.

3부

바람 따라 흐름 따라

사북, 혹은 갈망의 숲

오늘도 사북舍北행 열차는 운행되고 있었다.
움푹 패인 가슴으로 검은 한숨이 흐르고
모두가 떠나가 버린 숲
널브러진 꿈의 파편.

정제되지 못한 소망
지층 속에 남았는데
파 들어간 막장에도 분수의 꿈은 솟구치고
보름달 솟는 밤이면 반딧불로
떠돌던 혼.

그대 기억하게나
벗고 싶었던 남루의 탈을.
갱목 사이사이 질긴 목숨 받쳐 놓고
한때는 힘차게 달리던 길
겨울 수사修士로 누운 사북.

사북, 물소리

물소리는 아름다운 것으로만 알았다.
검은 마을 사북舍北 땅에
관광 삼아 오기 전까지는.
씻어라. 가슴 깊숙이 쌓인
석탄찌꺼기 사라질 때까지.

막장에도 꿈은 있어
우리는 살아가는 것.
'공부만 잘해라. 대학꺼정 보내줄 테니……'
초롱한 눈망울들에게
꿈을 심던 석탄가루.

'대학은 그만 두더라도
아부지 건강하셔요.'
밤새껏 토해내는 피맺힌 검은 덩어리.
사는 건 종잡을 수 없는 것
신기루가 흔들린다.

울돌목에서

사직의 넋은
늘 장막에 가려 있었다.
보이지 않는 언덕 너머 빛깔 푸른 햇살을 향해
해풍海風만 칭얼거리며 몸부림을 치던 역사.

피멍든 쇠사슬을 바다 깊숙이 묻어놓고
밀었다가 당기다가 수장시킨 왜구의 넋.
물살은 새파랗게 살아남아
강강수월래 전한다.

누구냐?
아직도 잠들지 못한 이는.
상처 많은 송진 내음 마디마디 삭정인데
울돌목 그 푸른 함성으로 맥을 잇는 겨레여!

오대산 계곡에서

산들이 우르르 모여
탁족濯足을 하고 있다.
활짝 열린 물소리에 녹아드는 시름인데
시원始原의 음계音階를 밟고
울려오는 노래 소리.

일상의 옷을 벗고 훌훌 떠난 나들이길
세상 어디에도 정다운 이웃은 있어
뜨겁게 뉘우칠수록 빛을 내는 우리 사이.

바람도 이랑을 타고
모여드는 오대산 골짝
흐드러진 개망초꽃
눈부신 몸부림을 보며
눅눅한 가슴 벌판에 햇살 한 폭 당겨본다.

정동진正東津에서

모래시계 이야기가 네 품안에 있었구나.
온 산하를 들썩이던 민주화의 드라마가
멈춰진 기찻간에서 커피향으로 피는구나.

갈증 없는 시대쯤엔
진한 커피를 마시자.
조각 공원 모퉁이에 침묵의 꽃이 피면
펼쳐진 동해 바다가 악장樂章으로 떠오르고

물빛 푸른 동해 바다
산빛은 더욱 푸르고
산마루 걸터앉은 유람선 카페에서
해맑게 솟아오르는 태양이나 바라보자.

강경 포구

돛배에 꿈을 싣고 출렁이던 강경포구江景浦口
덧없는 강물 따라 명성도 부질없어
짭짤한 젓갈 냄새만 남아
황산대교 건너는가.

가면 못 오는 것이
어디 세월뿐이랴.
강심에 녹아 흐르는 숨결도 황톳빛인데
어쨌든 일어서야 한다
절망의 늪 속에서.

황포 돛대 높이 세우면
옛 숨결이 피어나랴.
맛깔 축제 인파 속에 다시 뛰는 혈맥인데
갱갱이, 그 화려한 역사 불꽃으로 타올라라.

* 갱갱이-'강경'을 주민들이 부르는 이름

外島, 그리고 꿈

오기로 가꿔 놓은 실낙원의 한 귀퉁이
잡목과 꽃 사이로 사계절이 흐르는데
뚜렷한 증거를 댈 수 있다.
우리들의 미래여.

뿌리고 가꾸다 보면 맑아 오는 영혼 줄기
이 시대의 우울들을 모조리 뽑고 보면
맨발로 뛰어오는 바람
출렁이는 유람선.

길 솟은 열대림과
어우러진 남도 사투리
지느러미 파닥이며 해금강이 넘실대면
마침내 섬은 노래부른다
청동피리 화음으로.

백담사 계곡

산에서 살다보면
물도 부처가 되나보다.
삶은 멀고 깊기만 한데
온갖 소유 던져놓고
단 한 점 부끄럼 없이
풍경 소리 싣고 간다.

풀씨도 염주를 닮아
까맣게 익어 가는데
무엇을 기다리며
살아온 목숨인가
우러러 부끄럼 없기를
합장하는 독경 소리.

전등사의 바람

— 나녀상

전등사에 부는 바람은
언제나 차갑습니다.
경멸에 찬 눈빛보다
더 차가운 것은 없습니다.
오늘도 숱한 시선들 앞에
그녀는 떨고 있습니다.

사랑한 게 죄라면
세상은 모두 지옥입니다.
풍경風磬은,
다 잊으라며 불경만 외워대고
나녀裸女는 아픔을 끌어안은 채
그냥 앉아 있습니다.

겨울 성산포

예전의 모습 그대로
나를 맞는 성산포
물결도 너울거리며
반가운 몸짓인데
한 방울 물도 품지 못하고
빈 가슴으로 앉았구나.

헛된 욕심 추스르며
살아온 목숨이지만
돌아보면 빈손인 것이
어디 너뿐이랴.
사는 일 뜻대로라면
구멍 숭숭 뚫렸을까.

천지연에서

물빛 고운 비단이다
펼쳐 보이는 네 자태는…….
헛된 욕심 비우려고
날마다 쏟아내지만
쉽사리 비워지지 않는
우리네 인생살이.

세월조차 비껴가는
짜릿한 나락의 순간
비울수록 채운다는 걸
너는 일찍 알아냈구나.
가 보자.
미래가 춤을 추는 태평양을 향하여.

마라도 풍경

너를 만나러 가던 날
물결도 춤을 추었다.
갈매기 서러운 목청에
그리움은 출렁이고
억새는 깃털 나부끼며
길을 열어 주었다.

너 또한, 소중한 한반도의 막둥이거니
끊이지 않는 발길 아래
묻어나는 뭍의 소식
언제쯤, 내 다시 오마 해도
발길 돌려 다시 본다.

제주도 小人國 풍경

제주 관광길 소인국 공원에
하얀 건물 모형이 있었는데

말로는 거창하게 세계 평화 들먹거리며
여기 저기 싸움 붙여 놓고 남의 장독도 다 깨놓고
남의 집안 살림도 와장창 다 망가뜨려 놓고
숱한 생명 앗아간 채 파탄지경 만들어 놓고
남의 집 불난 것 팔짱끼고 바라보는 백악관 모형이
남의 나라 귀한 땅에 버젓이 자리 잡고 앉았는데……

지나던 비둘기 무리가
찍 깔리고 날아간다.

궁남지 연꽃

꽃이라고 부르기엔
너무도 숭고하여라.
심청의 넋을 품고
맑은 하늘 우러르며
인당수 그 푸른 물결로
출렁이는 연꽃무리.

삼천 궁녀 고운 넋들이
훠얼 훨 날아와서
굽 낮은 삶을 딛고
뽑아낸 해탈의 미소
쪼로롱 방울새 소리가
꽃망울을 열고 간다.

남이섬에서

북한강도 흐르다가 숨 고르는 춘천 즈음
남이섬은 발 담근 채 산만 바라 참선하며
강물을 잡지도 않은 채 그냥 앉아 있었다.

통통배에 몸을 싣고
세상일을 잊으려 해도
살아온 육십 평생
파문되어 출렁이는데
강물은 허리띠처럼 풀어진 채 흐른다.

사는 건 매듭 풀기, 새삼스레 깨우치며
하늘 향한 나무들의 숨소리가 시원한데
만선의 꿈만 키우는 나는
어디쯤에 있는가.

비선대에서

설악산 등산길에
환희로 만난 그대
신선처럼 눌러앉아
굽어보는 의연한 자태
흐르는 계곡물소리 따라
울려오는 다라니경.

산다는 건 그런 거지
씻어내며 사는 거지.
끝이 보이지 않는
삶의 굽이 속에서
우러러 부끄럼 없다면
세상은 살만하리.

겨울 치악산

산이 추워 보이면 하늘은
눈을 내려 덮어 줄 줄 안다.

산은 텅 빈 골짜기를
꿩 소리로 채우는데

그렇지!
조금은 비어 있어야
출렁이는 달빛 풍경.

치악산 구곡폭포

천년을
마음 비우며
참선을 했는데도

얻은 건
물소리뿐.
쩡쩡 우는
산울림

해탈이
산보다 무거움을
문득 깨치며
내려갑니다.

무주 콘도에서

바람 한줄기 불어와도 인생은 설렘이다.
펼쳐지는 운무는 동양화로 감상하며
세상에 물든 가슴을 물소리로 씻어낸다.

문득 바라본 아내 얼굴의 소중한 훈장
지워주지 못한 채로 흘러온 무심한 사내
미망迷妄에 투망질하듯 헛약속만 해댄다.

만질수록 상처는 덧난다고 하지 않던가.
옛날은 옛날 그대로 역사 속에 묻어놓고
홍매화 가득히 채울 복된 내일의 꿈을 꾼다.

무주 반디랜드

살아갈 수 있다면 무슨 일을 못하랴.
세계 희귀 곤충 박물관을 돌아보며
제 형상 감춰놓은 채 변장한 풀벌레여.

나는 얼마나 내 모습을 감추며 살았는지
내보일 것 하나 없는 투명함이 서러워도
비치는 속내 그대로 살아가고 있음이여!

바람결에 흔들리며 가끔은 허물도 벗고
창공을 날아오르는 소박한 꿈도 이루었으니
이제는 웃어야 한다.
소박하게, 호탕하게.

청령포에서

단종을 뵈러 가는 날
서강물은 아주 흐렸다.
속절없던 눈물들이
얼마나 피맺혔으리.
조용히 흐를 수 있는가
울부짖는 강물이여!

서강에는
래프팅을 띄우지 말아야 하리.
피맺힘 잊은 채로 희희낙락
아! 어쩌랴.
삼면은 빠른 강줄기
뒷면은 절벽인 유배지여!

청령포 관음송

단종의 아픈 모습
소리없이 바라보며
피맺힌 통곡 소리
다 들어준 소나무여.
너라도 오래 살아 있어
역사를 전해야 하리.

지금도 가끔씩은
울음소리 들린단다.
돌아보는 눈길마다
가슴 아린 연민인데
서강의 빠른 물살만
바라보는 관음송觀音松

노산대 돌탑

굽 낮은 삶 살더라도
무탈한 것이 행복인데
피에 젖은 곤룡포가
무슨 소용 있으랴.
왕비를 꿈에 그리며
피맺히게 쌓던 돌탑.

삼면은 물살 빠른 서강
뒷면은 천애절벽.
하소연할 사람도 없어
애꿎은 돌탑만 쌓아
노산대 서러움으로
돌아보는 역사여!

칠갑산 출렁다리

콩밭 매는 아낙네의
시름들만 모아다가

천장호 푸른 물로
허적허적 헹궈내면

인생도 출렁다리처럼
어깨춤을 추겠지.

설움은 건드릴수록
눈물만 몰아오는 것

칠갑산 골바람에
깊은 한숨 날려 보내면

사는 일 단풍빛 닮아
알록달록 꽃피겠지.

촉석루에서

어디서부터 예까지 흐르는가. 남강은
때마침 쏟아져 내린 여름 폭우로 하여
강물은 복사꽃 닮은 피울음을 뱉는데…….

천년을 우려내고도 속을 비우지 못한 바위
끝내 불사르지 못할 초가삼간 바라보며
둘러선 진주 성벽도 발을 동동 굴렀겠지.

임진란 그때에도 달빛은 빛났으리.
꽃잎처럼 떨어지던 애증의 눈물자락
오늘사, 그대의 안부를 묻노니
핏빛어린 바람이여.

담양 죽록원 풍경

세상일 힘들어도
속내는 보이지 마라.
선비의 모습으로
빼곡한 죽록원 대숲
소슬한 대숲 바람소리
영혼조차 씻어낸다.

올곧게 산다는 건
자신과의 싸움이려니
사육신 핏발선 눈빛
잎새마다 맺혔는데
꼿꼿한 심지를 안고
출렁이는 유년의 강.

해변에서

철지난 모랫벌에 홀로 비질하는 파도.
잘못 먹은 바람결에 속조차 울렁거려
덩달아 입덧을 하는 그대는 토착민.

잊으려 눈감으며 갔다가는 다시 와서
고독한 가슴으로 눈물 한 줌 건져내며
겨울 강,
아픈 추억을 향해 돌아서서 울까나.

한 줄 시도 못 쓸 바에야 맨발 되어 걸어보랴
모세가 갈랐다던 홍해의 해저 깊이
숨겨진 얼굴을 찾다
아! 무너지는 하늘 한 점.

비원에서

만지면 출렁일 듯
햇살 가득한 비원.
왕조는 헛헛하여
실록을 뒤적이는데
쪼르르 산새 울음에
갈증 타는 단청 무늬.

녹슨 유혹으로
노을처럼 타는 영생
인간사 깊은 인연
불노문不老門에 걸어 놓고
역사의 능선 위에서
다시 밟는 세월의 깃.

4부

바깥나들이 시편

괴테 생가에서

— 유럽나들이 · 1

푸랑크푸르트 거리 한 구석
자리 잡은 괴테 생가
그대 붓끝에서
파우스트가 태어나고
그대의 예리한 생각
온 세상의 빛이었지.

세상에 태어나서
이름을 남길 수 있다면
살아온 인생길이
구름 같다고 말하랴
나 또한 무딘 붓끝을
갈아가며 살겠네.

하이델베르크 성에서

— 유럽나들이 · 2

인간은 위대하였다.
그리고 무모하였다.
아득한 중세기에
사람의 힘만으로
저토록 웅장한 대리석을
깎아 만든 역사여!

끝도 보이지 않는
넓디넓은 독일의 평원
너그러운 땅에서도
정복욕은 왕성했는가!
창과 칼 부딪는 소리
아득하게 들려온다.

하이델베르크 대학에서

— 유럽나들이 · 3

시작은 미미하되 나중은 창성하리라.
입학은 쉽게 하되 졸업은 바늘구멍
그렇게 담금질해야
쓸 만한 연장이 되는 것.

세월가면 해결되는 게 우리네 대학인데
토론 중심 수업으로 진행한다는 강의 기법
막히면 끝까지 파헤쳤기에
세계 역사를 주도했는가.

두 차례 세계 대전을 일으켰던 게르만 민족
용서는 아니다
찬사는 더욱 아니다
오만의 세계 제일 정신, 교육에서 나왔는가.

스위스 루쩨른 사자상

— 유럽나들이 · 4

쉽게 무뎌질 수 있다면
사자의 발톱이 아니다.
천애天涯의 절벽을 깨어
새겨 놓은 사자상.
무엇을 본받고 싶어
돌사자를 새겼을까.

잠자는 사자보다는
포효하는 사자가 아름답다
중립의 위치보다는
흑과 백을 분명히 하고 싶다.
세상사 모든 일들을
양분할 수는 없지만…….

카펠교에서

— 유럽나들이 · 5

세계에서 가장 오래된
나무다리 카펠교에서
카톨릭과 개신교는
전쟁을 했었다네.
두 차례 불타버린 뒤
복원했다는 카펠교.

역사 속 전쟁의 절반쯤은
종교 전쟁이었을 게다.
누구를 위한 종교이며
무엇을 위한 전쟁인가
살아서 서로 감싸며
살아가는 게 인생인 걸…….

루리엔쯔 호수에서

— 유럽나들이 · 6

지구가 열 받는가
만년설이 녹아내린단다.
융프라우 계곡으로
녹아내리는 빙하수
그렇지, 그랬을 게야
나도 살다보면 열 받는 걸.

만년설이 녹아내려
이루어진 빙하 호수
세계에서 가장 차가운
루리엔쯔 호수에서
때로는 나도 냉정하고 싶다.
스스로에 대하여.

만년설의 융프라우峰

— 유럽나들이 · 7

스위스 말로 융프라우는
숫처녀란 말이라네.

융프라우 등정 산악열차를
융프라우흐 계곡에서 멈춘 것은
참말로 잘한 일이다.
쉽게 점령할 수 있다면
그건 숫처녀가 아니다.

때로는 인간의 생각들이
바를 때가 있어 다행이다.

융프라우 얼음 궁전

— 유럽나들이 · 8

결빙된 채로 살아 온
우리네 인생살이.
든든한 버팀목도 없이
세워 놓은 얼음 궁전
해마다 가라앉는 궁전
보수하며 지킨다네.

설사
뼈가 녹아내리더라도
헤프게 사는 건 싫다
단단하게 얽어 놓은
융프라우 얼음 궁전
그대로 버티어 보아라.
단단하게 이름답게.

두오모(DUOMO) 성당에서

— 유럽나들이 · 9

기둥 하나 하나가
그대로 예술 작품이다
엄청난 규모 앞에
입만 벌리고 서 있는데
해마다 한 면씩 돌아가며
씻어내는 역사의 흔적

기둥마다 새겨놓은
성서 속 인물상 천이백 개
중세기 석공들은
모두 다 조각가였나?
순백의 대리석 성당
우러나는 신심信心이여.

탄식의 다리

— 유럽나들이 · 10

강 하나를 사이에 두고
연결한 궁전과 감옥
재판받고 건너가면
다시 못 온다는 탄식의 다리
희대의 호색한이었던
카사노바만 탈출했다네.

내 이제 이곳에 와서
세상사를 돌아보네.
다시 돌아갈 수 없는 것이
어찌 탄식의 다리뿐이랴
물 같은 세월조차도
가고 아니 오는 것을.

곤돌라를 타며

— 유럽나들이 · 11

고품격의 시내를 뚫고
강이 흐르는 베네치아.
수상水上도시 명성답게
거리도 아름답고
뱃전에 기대어 앉아
들어보는 산타루치아.

인공의 섬을 띄워 놓고
풍요를 즐긴 나라.
홍수를 대비하여
일층은 비워두고
조상들 잘 둔 덕택에
쏟아지는 관광 수입.

천국의 문

— 유럽나들이 · 12

하늘나라 사자使者인
교황만이 열 수 있는 문.
금빛도 찬란하게
꾸며 놓은 천국의 문.
아무나 열 수 있다면
인생살이 쉽겠지.

여닫기가 어려운 문은.
그건 문이 아니다.
천국의 문 바라보며
살아온 도시일텐데
안내자, 시도 때도 없이
소매치기 조심하라네.

프렌츠 시가를 내려다보며

— 유럽나들이 · 13

미켈란젤로 언덕에서
내려다 본 꽃의 도시
도시 자체가 예술품인데
더 아름다울 필요있는가.
잔잔히 흐르는 강물 사이로
고고한 역사가 흐른다.

프렌츠 시가市街 입장료가
우리 돈으로 십팔만 원
정성들여 가꾸어 놓은
조상들의 덕택으로
수많은 관광객들이 모여
탄성을 쏟아놓는 곳.

솔방울상을 보고

— 유럽나들이 · 14

바티칸 박물관 뜨락
세워 놓은 솔방울상像
행운의 상징으로
우러르며 산다는데
그것 참 희한한 일이다
성당 앞의 또 다른 우상.

입구에서 제단까지
250미터라는 성베드로 성당
찬란하게 꾸며 놓은
유리창의 조각 그림
오가는 관광객 사이에서
경건하게 드리는 미사.

트레비 분수에서

— 유럽나들이 · 15

동전 하나를 던지면
로마로 돌아오고
동전 두 개를 던지면
로마에 애인이 생기고
또 다시 동전 세 개째 던지면
있는 애인도 간다네.

분수에 떨어지는
동전 수만도 엄청나네.
절묘하게 만든 전설
호주머니 털어가는데
그래도 상관있는가!
애인이 생긴다는데.

콜롯세움 앞에서

— 유럽나들이 · 16

인간의 역사는 위대하였다.
붉은 대리석 건물
중세 영화에서 보아온
사자가 나오던 광장
덜커덩 철문이 열리며
들려오는 함성 소리

인간은 잔인하였다.
사자와 인간의 싸움
사자와 싸워 살아남은 자는
용서받을 수 있었다지.
누구를 용서할 수 있는가
우리 또한 원죄의 인간.

에펠탑을 오르며

— 유럽나들이 · 17

지상에서 삼백 미터
조립해 놓은 에펠탑
해체의 운명을 딛고
살아남은 탑 줄기를
승강기 그 자상함으로
편안하게 오른다.

통신 시설의 발달로
중요한 몫을 하며
밤이면 불빛을 받아
휘황찬란한 몸치장
똑 같은 높이의 건물은
폭격으로 무너졌다네.

노틀담 성당에서

— 유럽나들이 · 18

노틀담 성당은
수백 개도 넘는단다.
카톨릭과 개신교가
절반씩이라는데
아직도 살아남은 건물만
인간들을 구제하는가.

『파리 노틀담 성당』이
원래의 이름이라네.
노틀담의 원 뜻은
성모 마리아라 하는데
나는 왜 노틀담의 꼽추만
머릿속에 떠오를까.

몽마르뜨 언덕에서

— 유럽나들이 · 19

거리의 화가들이
아직도 넘실대는 곳
초상화를 그려 주고
제 그림을 팔아가며
어쨌든 운치가 있는 곳
몽마르뜨 언덕이여.

시가지에서 가장 높은
몽마르뜨는 순교자의 산
순교자 처형지가
이름을 잃어가는데
그래도 역사는 살아있는가
끊이지 않는 발길
발길.

대영 박물관에서

— 유럽나들이 · 20

정복자의 오만으로
수집해 놓은 고대 박물관
그래도 양심은 남았는지
입장료는 무료였다.
제대로 다 보려고 한다면
열흘도 부족하다는 곳.

웅크리고 누운 미라가
남은 머리카락을 빗고
교과서에나 보았던
즐비한 고대의 유물
몇 년 전 한국관이 세워져
작은 빛을 내고 있었다.

만리장성

— 중국 기행 · 1

달에서도 보인다는
만리장성을 오르며
뼛속까지 녹아드는
두려움을 느낀다.
그 누가 믿을 수 있겠는가
이 엄청난 흔적 앞에.

물도 없는 능선 따라
핏방울로 돌을 쌓으며
허기진 욕망 앞에
숨져간 혼들이여.
우주를 왕복하는 오늘
허공 속의 노래여!

만수산을 바라보며

— 중국 기행 · 2

한 사람의 영화를 위해
인공으로 만든 호수.
삽으로 파낸 흙이
만수산萬壽山 되었는데
정말로 만수를 누린다면
무슨 일인들 못하랴.

이글대는 욕망 앞에
사람은 늘 헛헛한 것.
슬픔조차 가득 고인
인공호수 바라보며
달빛에 잠긴 산그림자
머리 풀고 눕는다.

대만 국립고궁박물관

— 타이완 기행 · 1

문화의 힘은 위대한 것 세계4위 고궁발물관
내전을 치루면서도
피신시킨 국보 70만점
위대한 나라일수록 문화를 아끼는 것.

양안兩岸의 포사격에도
보물 있는 곳은 피하면서
역사의 자취들을 소중하게 생각하는
중국인 그 포용력만은 알아주어야 하리.

가장 인기 있는 전시물은 옥돌 배추 조각
끝부분에 메뚜기 두 마리
다산多産의 상징인데
번식력 강한 메뚜기처럼 황실 번창 기원하네.

* 양안 : 중국 본토와 대만간의 해협

쓰린 야시장

— 타이완 기행 · 2

타이페이에서 가장 큰 서민들의 야시장
발 디딜 틈이 없어 사람 사이 헤집으며
두 눈을 번뜩거리면서 사람 구경 물건 구경.

어디에도 무허가 노점상은 있는 것
손뼉 치며 신명나게 물건을 팔다가도
무전기 신호음 울리면 순식간에 사라진다.

많은 음식점 가운데 유별나게 사람이 모여
다가가 바라보니 튀김종류 음식인데
백여 명 줄을 서 기다리다가
저녁 식사 대신한다.

화리엔 태로각 협곡

— 타이완 기행 · 3

삼천 미터 넘는 산 이백 개가 넘어
대만에는 산 이름이 없다.
동쪽 끝 화련에 있는 천애절벽 태로각 협곡
석회석 절벽 사이로 만든 아찔한 관광도로

폭약 쓰면 무너져 내려
정釘으로 찍은 150킬로미터
사형수며 죄수들과 군인들을 강제 동원
오백 명 죽음으로 가고 많은 사람 부상했다네.

죽은 영혼 위로하려 산기슭에 지은 장춘사.
절 뒤로 산위까지 칠백 칠십 계단 오르면
영혼들 승천하라고 환한 천국 길 보인다네.

계곡의 흐린 물빛은 석회수라서가 아니다.
오십 오만 명이 흘린 피땀이 흐르고 있으니
수없이 세월 흘렀어도 흐릴 수밖에 없으리.

기륭야류 해상공원

— 타이완 기행 · 4

타이완 북쪽 해안 기륭야류 해상공원
석회석 바위들이 바닷물에 침식하며
버섯의 모양을 하고 몸맵시를 자랑한다.

크레오파트라 형상 앞에 줄을 서 기다리며
기념사진 남기려고 기다리는 관광객들
흔적을 남기려는 몸부림 나무랄 수 있는가.

어떤 이는 촛대 바위
어떤 이는 유방 바위
무어라 부르든지 그건 알 바 아니지만
심오한 파도의 조각 솜씨 그대로 감탄이다.

충렬사 위병 교대식

— 타이완 기행 · 5

국민혁명 대일전쟁에
전사한 호국 영령.
웅장한 사당 지어
영혼을 위로하는데
그렇게 희생이 위로된다면
환생 길도 열리겠네.

두 시간마다 교대하는
근엄한 위병교대식
눈동자도 꼼짝 않고
부동자세로 서 있는 위병
어쩌다 몸에 손댈라치면
총을 탕탕 두드린다.

비매飛梅

— 일본 다자히후宮에서

한낱 미물微物에게도
사랑의 힘은 위대한 것

아끼고 보듬어주던
주인의 정 잊지 못해

옛 뜨락 그 정겨운 품으로
바람결에 날아온 매화.

움직이는 생물들은
마음도 흔들리는데

뿌리박은 나무인들
흔들림이 없었으랴.

잠자코 서 있는 비매에게
사랑법을 배운다.

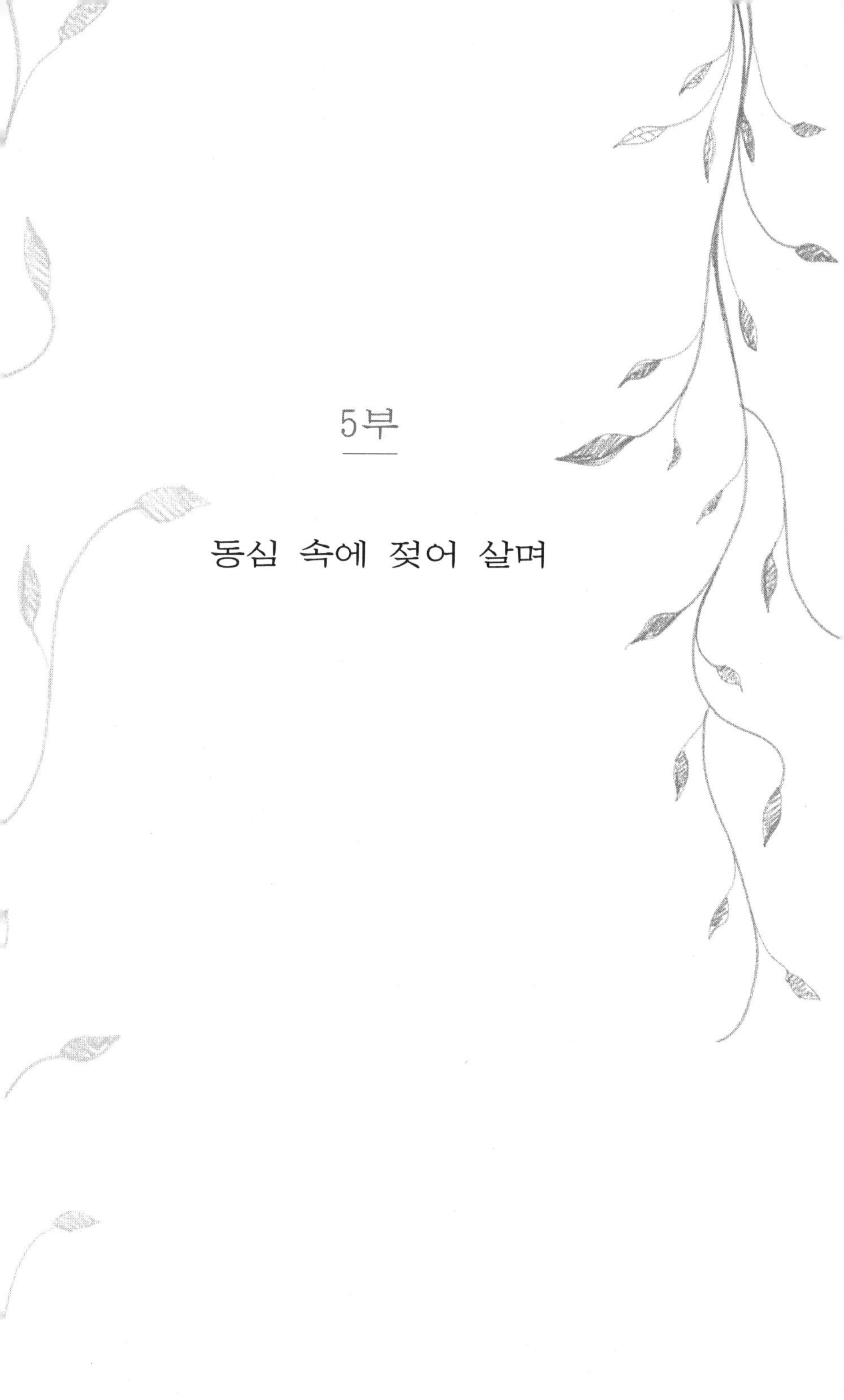

5부

동심 속에 젖어 살며

오이

오이밭에 왕잠자리
꾸벅꾸벅 앉아 졸다

비행기소리에 놀라
훌쩍 날아가 버린 뒤

오이도
깜짝 놀랐는지
소름 잔뜩 돋았다.

살구

보리타작 할 때쯤에
불그스레 익던 살구.

동무에게 나눠주며
어깨 으쓱 했었는데

아직도
옛날 그대로
고향 맛을 담고 있다.

돌담

담 너머로 접시 돌리던
인정들이 쌓여 있다.

푸념도 차곡차곡
기쁜 일도 차곡차곡

이끼도
할 말이 있는가
파릇파릇 돋는다.

가을밤

풀벌레 노랫소리가
울타리를 흔드는 밤

달빛은 소리 없이
은행잎을 떨구는데

아이는
환한 등불 아래
행간 속을 누빈다.

소나기

올 테면 온다고
전화나 하고 오지

갑자기 들이닥쳐
난장판을 만드느냐

울엄마
정신없게 한 뒤
훌쩍 떠난 소나기.

꽃집에서

— 수선화 화원

꽃향기가 그리우면
언제라도 오십시오.
꽃이며 나무들이
웃음 짓고 기다리며
당신의 고운 마음을
향기로 채웁니다.

백목련 하얀 꽃이
새 봄을 몰고 오듯
예쁜 꽃 한 다발이
행복을 가꿉니다.
어울려 살아가는 세상
향기 넘치게 사셔요.

시골길

청자빛 하늘 안고
야위어만 가는 시골길

흔적만 남겨 놓고
어디로들 갔을까

아직도 마을을 향해
길은 가고 있는데…….

매미 소리

오랜 동안 땅 속에서
준비한 이야기보따리
맴맴 쓰르람 쓰르람
토해 놓는 매미 소리
얼마나 할 말이 많겠니?
맘껏 풀어 보아라.

산도 좋고 물도 좋지만
사람 사는 시골이 좋아
느티나무 둥치에 붙어
푸른 들녘 바라보며
묻지도 않는 이야기를
솔솔 푸는 매미 소리.

옥수수

잇속이 곱기도 하다
충치 하나 없구나.
엄마 말씀 잘 듣고
양치질도 잘하더니
오늘은 젖은 옷 벗고
세상 구경 하는구나.

시집간 우리 누나
고향 생각 날 때면
길게 두 줄 남겨 놓고
하모니카 불으실까?
잘 익은 옥수수만 모아
누나에게 보내고 싶다.

어머니

세상에서 제일 좋은 말
어머니
우리 어머니

하시는 일 힘들어도
환하게 웃으시는 건

먼 훗날
우리들 모습 그려보면
온 세상이 희망이래요.

이제부터는

앵두같이 예쁜 입으로
좋은 말을 할래요.

질투나 미운 생각
모두 다 지워버리고

사람들 마음 밝혀줄
예쁜 생각 말할래요.

그네

동생이 타는 그네
살랑 살랑 밀어 주면

이마에는 땀이 나고
팔은 조금 아프지만

신나는 동생 모습 보면
힘든 줄도 몰라요.

알 수 없는 시간

시간이 똑같다는 말
맞는 걸까
틀린 걸까?

놀 때는 후딱 가고
공부 시간엔 늦게 가고

숙제는
그냥 쌓여 있는데
개학날은 코앞이네.

운동회

아이들 가슴 속에
숨겨 있던 보따리들

하나 열면 함성 소리
또 하나 열면 응원 소리

하늘도 저만큼 올라
푸른 미소 뿌린다.

넘어져도 신이 나고
꼴찌해도 박수 소리

엄마가 건네주는
아이스크림 먹으며

가끔은 별빛 보고 싶다
은하수도 보고 싶다.

까치

아침 까치가 울면
반가운 사람 온다고

하루 종일 설레이며
기다리던 옛날인데

이제는 아무 쓸모없다고
구박받으며 살아요.

지금이나 옛날이나
까치는 변함없는데

사람들 마음대로
생각 바꾸며 변덕부려

까치도 참말로 억울한지
까갓 까갓 울어대요.

미루나무

연줄이 거미줄처럼
미루나무에 걸렸어요.
달빛에 머리 감고
바람에 헹구어도
나무는 꼬옹꽁 묶여
움직이지 못해요.

까치도 재밌다고
까악 깍
까갓 까갓
참새도 수근수근
입방를 찧는데
포근한 아침 햇살이
살살 빗질해 줘요.

버드나무

먹구름이 씻어내린
푸른 하늘
깊은 물 속

낮달 띄워 타고 노는
버들붕어
붕어떼.

바람은
파도처럼 밀려와
잔가지에 부서지고.

산골 아이

새소리 물소리에
동글동글 고운 맘씨

산을 닮고 물을 닮아
탈이 없는 산골 아이

손발에 흙이 묻어도
건강하게 꿈이 큰다.

온산에 머루 다래
소망처럼 익는 산골

산은 깊어 바다 되고
파도소리 아득한데

꿈만큼 높은 산마루에
어머니의 달이 뜬다.

소풍

봄 소풍 간다하면 구름까지 신나는지
어제까지 맑던 날씨 우중충 싱숭생숭
밤새껏 별 찾아보다 무겁게 잠이 드네.

어머니 김밥 솜씨 비오면 소용없지.
하루만 참아 달라 하느님께 전화할까?
전화도 하나 없는 나라 하늘나라 뿐일거야.

가슴에 해 그리며 얼마나 빌었을까
모두가 한맘 되어 조마조마 했던 밤
해님이 살폿 웃으며 소풍 길을 비추네.

바다 편지

진이의 편지에는
출렁이는 파도가 있다.
도라지꽃 좋아하던
산골 아이 그 모습이
어느 새 바다를 닮아
파도 되어 밀려온다.

물빛도 하늘빛도
마냥 열린 그 사이로
미움은 씻어내고
마음은 열어 놓고
파도만 출렁이는 편지에
떠다니는 갈매기.

냉이

냉잇국을 먹어야
봄이 온다던
할머니.

잔디밭 사이사이
냉이를 심어놓고

언제쯤
손녀딸이 올까
기다리다 봄이 진다.

눈이 와요

산조차 등이 시려
웅크리고 앉은 날
누나 떠난 산골 마을
함박눈이 내려요.
골짜기
철철 넘치도록
그리움이 내려요.

산도 비고
들도 비고
산꿩 소리 허전한 날
감자캐던 밭머리에
수숫대가 혼자 서서
누나를 기다리는지
발을 동동 굴러요.

종이학

엄마도
아빠도 없이
세상에 나온 종이학.
꽃바구니 가득히
깃을 접고 앉았다가
하늘이 열리는 날이면
훨훨 날아보아라.

노을이 붉게 타면
사랑빛 꿈을 꾸고
햇살이 고운 날엔
휘파람도 불면서
먼 강둑
꽃바람 불면
훨훨 날아보아라.

운산리 벚꽃

옷깃 시린 봄바람에
필까 말까 망설이다
쏘옥 내민 꽃망울로
바람 잔 틈을 보다
민들레 노란 손짓에
활짝 열린 벚꽃마을.

운산리에 사월이 오면
때 아닌 눈이 온다.
입김에도 녹지 않고
소담하게 피었다가
훨훨훨 나비가 되어
개나리에 앉는 눈.

엉겅퀴

잎도 곱지 못하고
꽃도 화려하지 못해
소녀들 꽃바구니
외면당한 엉겅퀴
심술만 잔뜩 남아서
억센 가시 되었는가.

산비둘기 우는 소리
귀세우는 초여름밤
향기 없는 삶은 슬퍼
별빛 닮는 꿈꾸더니
가시 끝 은구슬이 맺혀
햇살 받아 빛난다.

그네 타기

씽씽씽 굴러보자
머리카락 휘날리며.
하늘 끝이 보이는가
고향 친구 보이는가
힘차게 구르다보면
밝은 내일 보인다.

마음이 울적하면
그네에 올라보자.
숙제가 답답하면
힘차게 굴러보자.
어느 새 새털 같은 마음
하늘 속을 달린다.

용남 예찬

— 용남초에 세워진 시비

계룡산 정기가 충만한 이 땅
세모는 세모대로 네모는 네모대로
저마다 향기 품고 꿈을 키우나니
해맑은 웃음소리 아름다워라.

겨레의 소망들이 푸르게 자라는 곳
정직, 봉사, 창의 깃발 아래
꿈과 열정으로 미래를 가꾸나니
저 넓은 세상은 우리 것이리.

스스로의 명예를 소중하게 가꾸며
더 밝고 더 넓은 세상을 향하여
힘차게 뻗어나가라
용남의 건아들이여!

행복 샘터

— 모산초 강당 행복샘터 개관에 부쳐

겨레의 소망 품고 자리 잡은 배움의 땅
눈부신 햇살아래 푸른 꿈 키워가며
모두 다 큰 인물 되어라.
기도하는 노래여!

네모도 동그라미도 소중한 기둥이어라.
큰 뜻 품고 살다보면 땀조차 보석인데
희망이 넘치는 이곳
영원한 행복 샘터.

어린 싹 자라나서 울창한 밀림 된다.
이 나라의 미래는 그대들의 몫이려니
세계를 가슴에 품고
역사 앞에 꽃피우자.

〈작품 해설〉

긍정적 삶과 다양한 이미지의 형상화

— 趙根鎬 시인 제4시집 <바람의 동행>

박 영 교
(시인 · 전 한국시조시인협회 수석 부이사장)

시인은 빛을 스스로 만들어내며 살다가, 죽어서는 광채를 발하는 별과 같은 존재이기 때문에 이름을 남기는 시인은 항상 절차탁마하는 자세로 세상을 살아나가는 것이다. 세상이 어지러울 때 깨끗한 정신력을 발휘하여 시대를 평정해 나가는 동시에 질서와 자리를 정리 정돈할 수 있는 힘을 표출하고, 자생할 수 있는 능력을 만들어 나가는 지혜와 청렴, 정체성(Identity)을 펼칠 수 있는 인재 또한 시인들이다.

趙根鎬 시인은 대전을 중심으로 문단 활동을 하는 이름 있는 훌륭한 중견시인이다. 문학지지에 발표하는 그의 작품을 읽으면 기분이 좋다. 왜냐하면 발표한 그의 작품은 언제나 좋은 작품이었고 한 번도 타작을 만날 수 없었기 때문이다.

조시인의 제4시집 『바람의 동행』은 전5부로 구성되어 있다. '제1부 살며 사랑하며, 제2부 세상사는 이야기, 제3부 바람따라 흐름따라, 제4부 바깥나들이 시편, 제5부 동심 속에 젖어 살며'이다. 작품을 대해보면 어느 것 하나라도 언급하고 싶지 아니한 작품이 없을 정도로 소중한 작품들이 실려 있다. 작품을 읽으면서 조근호 시인만큼 사회생활과 학교생활 그리고 가정생활을 참 잘해 나온 다복한 시인이라는 점이 부럽다. 그런 생활을 작품 속에 무루 녹여 좋은 작품으로 승화시키고 있음을 볼 수 있어 좋다.

이제 시인의 작품을 감상해보자.

하늘을 우러르며
기도하게 하소서.

은혜와 감사 속에
내가 젖어 있음과
건강한 육신으로
활보할 수 있음과
사랑하는 가족이며
좋은 이웃이 있음과
무엇보다도
당신께 사랑받고 있음을
감사하게 하소서.

돌아서
이 너른 세상을

사랑하게 하소서.

—「나의 기도」 전문

조시인의 기도는 끊임없는 은혜에 감사, 건강한 육신, 활보할 수 있음, 사랑하는 가족과 좋은 이웃, 부부의 사랑 속에서 하나님께 감사하는 것을 잊지 않고 있음을 노래하였고 이 넓은 세상을 사랑할 수 있는 시인의 마음도 담아 놓았다. 그는 범사에 감사하면서(살전 5장 16~18) 살아가는 방법을 터득하고 있다.

결혼하고 삼십년이 다 되어가는 해에
딸을 결혼시키며 떠오르는 후회가 있다.
그동안 사랑한다는 말 한마디 하지 못했던…….

번듯한 옷 한 벌, 따뜻한 웃음 한번
근사한 식사 한 끼 사주지 못한…….
어쩌면 그리도 멋없이 살았는지 아려오는 가슴이다.

낡은 청바지 하나로 한여름을 넘기며
얇은 월급봉투를 이렇게 저렇게 쪼개던 아내
못 본 체 살아온 날들이 해당화보다 아파라.

의젓하게 잘 자라준 남매를 바라보며
사는 일 그 자체가 행복이라 여기는 당신
찬란한 햇살의 뜨락에서 활짝 웃으며 사시게.

—「아내에게」 전문

어디를 가나 무엇을 보아도 요즘 세상은 아내에게 잘못하면 여지없이 파면당하거나 내쫓기게 되거나 과하면 이혼 당하는 시대이다. 조시인은 아내에 대한 사랑이 남다른 것 같다. 시인은 아내에게 쓰는 시를 통해 후회되는 일을 고백하고 있다. 결혼 30년이 다 되어가는 해에 딸을 결혼시키면서 아내에게 후회되는 일, 그것은 '사랑한다.'는 말 한 마디 못한 것을 후회하고 있다고 했다. 둘째 수에서는 번듯한 옷 한 벌, 따뜻한 마음(웃음) 한 번, 근사한 식사 한 끼 사 주지 못한, 어쩌면 멋없이 살아온 지난 일들이 가슴이 아려온다고 했다.

청바지 하나로 여름을 나고, 얇은 월급봉투를 쪼개어 쓰면서 못 본체 살아온 날들이 해당화 가시에 찔린 아픔보다 더하다. 마지막 수에서는 의젓하게 잘 자라준 남매를 보면서 행복하게 여기며 잘 살기를 바라는 시인의 마음이 가득 담겨있다.

내게 다가온
너희들의 모습은 정말 환희였어.
산이 산끼리 모여
스크럼을 짜고 살듯
우리는 흔적을 만들며 출렁이는 강이었지.

갖가지 경보음이 울곤 한단다. 살다보면
쉽게 흔들리지 않는 것도 헤쳐가는 방법이지.

저토록 고운 햇살이 네 하늘에 걸렸잖니?

스스로 돌아보아 당당할 수 있다면
우리, 무엇을 망설이랴 청초한 꽃피우기
삶은 늘 미완의 여백
그래서 더욱 찬란한.

—「찬란한 여백」 전문

작품 「찬란한 여백」은 '딸 그리고 아들에게' 보내는 메시지이다. 정말 잘 키운 딸, 아들에게 '우리는 흔적을 만들며 출렁이는 강'이라고 하면서 '저토록 고운 햇살이 너희들 하늘에 걸려 있다'라고 격려까지 아끼지 않고 쏟아부어주는 아버지의 축복, 그리고 마지막에는 '삶은 늘 미완의 여백'이라고 던져 놓으면서 오늘의 충실함이 찬란한 미래가 됨을 예고하고 있다.

신록이 산천을 뒤덮은 아름다운 오월.
라일락꽃 향기가
온 강산을 물들인 날
너는 그렇게 우리 곁으로 왔구나.

해와 달도 너를 위해 더욱 곱게 빛나고
바라보는 눈길마다 행복 가득 웃고 있나니
부모님의 깊은 뜻 알뜰하게 헤아리며
너른 세상 채워 나갈 은혜로운 인재되어라.

얼마나 기다리던 긴 시간이었는지

우리 모두는 애타게 기다렸단다.
밝은 향기 발산하며
모든 이에게 사랑받고
세상을 이끌어 갈 귀한 보석 되어라.
—「예쁘고, 건강하고, 총명하게」 전문

외손녀 김은재 출생을 축하하는 시이다.

5월 라일락꽃이 피고 온 강산에 신록으로 물들인 날 너는 태어났다. 모든 자연의 빛들이 너에게 눈길을 주고 부모의 깊은 뜻을 헤아려 너는 세상을 하나하나 채워나가는 인재가 되기를 기원하면서 모든 이에게 사랑 받고 세상을 이끌어갈 귀한 인물이 되기를 축복하는 환희에 찬 손녀 탄생 축시이다.

남다른 집념으로 바위를 뚫어가며
힘들어도 내색 않고 장하게 삶을 일궈
마침내 올라섰구나!
행정고시 높은 봉(峰)을….

아들로 태어날 때
서울대 입학할 때
커다란 기쁨 주어 가슴 뿌듯했었는데
다시 또, 행정고시 합격하며
하늘 날게 하였구나.

수영대회 앞서가는 꿈
비행기 솟아오르는 꿈
살구꽃 만발한 꿈
말을 타고 출근하는 꿈

아비가 좋은 꿈꾸었으니 가문 더욱 빛내거라.
—「고지에 올라서서」 전문

이 작품은 조시인의 아들 조한진 군의 〈행정고등고시〉 합격을 축하하는 시이다. 시인은 이외에도 아들이 서울대학교에 입학 및 졸업할 때에도 쓴 축시가 있고 자식에 대한 애착이 대단한 시인이다. 후손들의 창창한 앞길을 보면서 시인은 흡족한 생각과 마음을 갖고 커다란 기쁨으로 직장생활의 보람을 엮어 살아가는 시인의 마음이 담겨져 있다. 고지에 올라서서 내려다보는 기대되는 앞날, 아들에게 더욱 번창해질 가문의 미래를 부탁하는 아버지로서의 행복이 가득 녹아 있는 시이다.

물살에 반사되는 햇살은 참 아름답다.
긴 성벽을 돌아야만 만날 수 있는 내력의 강
아직도 물수제비뜨던
추억이 강을 지킨다.

작은 바람에도 흔들리던 갈잎의 노래
몇 번씩 쓰러졌다 단정하게 일어서던
마침내 낡아서 희미해진
유년기의 흑백사진.

우두둑 부러진 채 흐르는 시간 위로
푸른 대발에 출렁이는 눈부신 나비의 춤
아득한 자작나무 숲으로

길이 하나 보인다.

—「유년의 강」 전문

작품 「유년의 강」은 낡아서 기억조차도 희미해진 유년기의 흑백사진 한 장에서 얻은 시상이다. 물빛에 반사하는 햇살은 그 때 그 어린 시절에도 참 아름다움을 느끼고, 성벽을 따라 길게 흐르는 내력의 강은 흐르고 물수제비뜨던 기억을 추억으로 간직한다. 계절이 바뀌면 갈잎이 바람에 서걱이는 소리 들으며 몇 번씩이나 변화한 시인의 젊은 날, 모습이 낡아서 희미한 유년기의 사진들, 이제 그 시간의 마디마디 위에 푸른 대밭 눈부신 나 자신의 길, 그 숲의 조그마한 길 하나까지 시인에게 유년으로 가는 추억임을 시사하고 있다.

진눈깨비 내리는 날엔
듣고 싶은 이야기가 있다.
철철 넘치도록
가슴조차 열어놓고
잊혀진 아버지의 증언을
돌이켜 듣고 싶다.

돌아가 쉴 곳 있음이
더없이 다행인 날
무엇을 기다리며
흘러 온 먼 길인가
이 땅에 남겨질 그림자 하나
선명하게 새기고 싶다.

—「포장마차」 전문

진눈깨비 날리는 날 포장마차에 앉아 흰 눈 내리는 그 눈을 보며 그 옛날 아버지가 시인에게 남겨준 증언을 생각하고 있다.

그 증언이 무엇이든 간에 아버지를 생각하면서 돌아가 쉴 곳이 있음을 다행으로 여기며 기다리면서 살아 온 먼 길이지만, 이 땅에 작가로 살아온 선명한 흔적 하나를 남기고 떠나고 싶다는 간절한 시인의 마음이 뚜렷하게 부각되고 있는 작품이다.

아침에 눈을 떴을 때
해야 할 일이 있음과

건강한 몸과 마음으로
세상을 볼 수 있음과

어쩌다 외로울 때면
푸른 하늘 바라보는 것.

— 「작은 행복」 전문

작품 「작은 행복」은 우리가 세상을 살아가다가 무엇이 그리울 때도 있으며 해야 할 일이 있어서 좋고, 건강한 몸과 마음을 갖고 세상을 살아갈 수 있어서 좋으며 어쩌다 외로움이 몰아닥칠 때 푸른 하늘을 쳐다 볼 수 있어서 행복한 작가의 긍정적이고 건강한 마음이 돋보인다. 그리고 그것은 범사에 감사하며 사는 본보기가 되는 것이다.

하늘빛이 푸를수록 타오르는 뜨거운 가슴
알 수 없는 피안을 향해 꽃은 그렇게 웃는데
나 또한 행복이었음을 문득 깨치는 햇살이다.

가슴에 담아둔다는 게 억울할 때도 있었지
꽃잎 스치는 바람결에 들려오는 해탈의 함성
내 안을 들여다보며 녹슨 이야기 솎아낸다.

지천명을 살아오며 다져온 숱한 언약
받은 만큼 돌려주며 뒤돌아 부끄럼 없기를
해맑은 네 모습 보며 하늘을 우러른다.

—「연꽃, 그 눈부심을 위하여」 전문

우리나라 '연꽃'하면 궁남지를 떠올릴 것이다. 궁남지의 연꽃을 보면서 하늘이 푸를수록 붉은 꽃들의 마음을 생각하게 되고 연꽃을 보면서 문득 깨치는 피안, 행복을 감지한 시인은 이 세상에서 나(시인)대로의 행복을 느끼면서 〈둘째 수〉 억울하여 마음에 담아 두었던 껄끄러운 일들을 연꽃을 통하여 자기 성찰을 하고 해탈을 맛본다. 지명(知命)을 살아오면서 숱한 언약, 말하자면 받은 만큼 돌려주고 뒤돌아 보아 부끄럼 없는 삶을 추구하면서 평생을 살고 싶어 하는 시인의 깨끗한 마음이 나타나 있다.

이 시대에
우리가 해야 할 일은 무엇인가
쑤셔오는 뼈마디 굳어가는 핏줄 사이로
점령군, 그 당당한 기세의
눈발이 날리고 있다.

청동빛 바람결에 타오르는 갈증…… 갈증
산조차 등이 시려 돌아앉은 겨울 들녘
봄으로 가는 길목 위에
먼 햇살이 타오른다.

누구냐,
서걱이는 갈대숲을 흔드는 이는.
철새가 남기고 간 상형문자 사이사이
언 발은 녹이며 살자
부활의 강 꿈을 꾸며.

—「겨울 갈대숲 · 6」 전문

작품「겨울 갈대숲 · 6」 연작을 읽으면서 점령당한 우리의 삶을 어떻게 해야 하는 가? 아니면 겨울 눈발이 치는 날 우리가 살아남을 수 있는 방법적인 문제를 생각하게 한다. 가만히 잘 살아가는 우리의 육신과 정신을 겨울 갈대숲 같이 서걱이는 바람으로 흔드는 이는 누군가? 언 발을 녹이며 살 수 있는 마음 가질 수 있는 봄의 길목을 찾으며 살아가면서 따사로운 햇살을 품고 살아가야할 것을 생각하게 한다.

신열 앓는 대지 위에
사념의 꽃 피워놓고

청산을 굽이돌아
홀로 짓는 공간인데
그래도 흘러야 하는가
무채색의 살풀이굿.

짓누르는 무형의 나래
뒤척이는 사금파리
굳어가는 실핏줄에
햇살이 쏟아지면
수묵화 한 귀퉁이쯤
흔들리는 여백을 본다.

—「바람과 억새」 전문

작품「바람과 억새」를 읽어보면 바람과 억새는 서로 상극이면서 상생의 면을 보이고 있다. 억새가 가만 있으려하나 바람이 그냥 두질 않고 흔들어 주는 것이 되고, 억새꽃이 익어 바람이 흔들어 주어야 씨앗을 날려 보내는 상생관계를 생각할 수 있다. 신열을 앓는 대지 그 위에 흰구름 같은 생각을 펴는 꽃을 피우며 청산을 굽이돌아 혼자서 피고 지는 공간 속에 그래도 흐르는 세월의 길가에 살풀이하듯 흰머리를 풀어 젖힌다. 그 무형의 나래 위에 이제 말라가는 햇살 속에 수묵화 한 폭을 보는 그림의 여백을 보는 듯한 시인의 느낌이다.

돋보기를 벗으면
나도 모르게 찡그리며 본다.

이 좋은 세상 무엇이 못마땅하여
찡그리느냐며 가족들이 나무란다.
언제부터 눈에 힘을 주며 살았는지
꼿꼿하게 힘이 들어가 있나보다.
조금은 부드럽게 바라보고
조금은 자상하게 살아가야 할 나이에
눈의 힘부터 뺄 일이다.

가끔은
입장 바꿔 생각하며
부드럽게 살 일이다.

—「물이 흐르듯 · 1」 전문

작품「물이 흐르듯 · 1」 연작은 사설시조로 구성된 작품이다. 조시인은 이 작품을 통해 독자에게 즐겁고 부드럽게 그리고 자상하게 살아가야할 것을 당부하는 작품이다. 살아가면서 가끔은 남의 정황도 알고 입장을 바꿔 생각하면서 남의 어려운 일상도 생각할 줄 아는 사람이 되었으면 하는 마음이 짙게 깔려있고, 이 좋은 세상을 살아가면서 못 마땅하게 찡그리고 살아갈 것이 아니라 얼굴을 활짝 펴고 즐겁게 부드럽게 그리고 남을 위하여 자상하게 살아갈 것을 은근히 조언하고 있다.

땀나도록 살아온 일상
훌훌 털면 빈손이고
목청 다한 삶의 노래

부르고나면 적막인 걸
싱싱한 햇살 받으며
살아온 게 축복이다.

청동거울 닦는 세상
인생길은 초행인데
떨리는 가슴으로
어지럽던 춤사위
나만의 강줄기를 열어
달빛 가득 품는다.

—「가랑잎 단상(斷想)」 전문

작품「가랑잎 단상」을 읽으면서 인생의 마지막 가는 길은 가랑잎과 같이 훌훌 털면 빈손뿐이고 목청을 다하면 가랑잎 부스럭거리는 적막일 뿐인 것을 조시인은 먼저 알고 있다. 지금도 살아있고 살아가는 것이 축복일 뿐이다. 길고 긴 인생길은 항상 초행길이며 가슴 뜨거운 일생동안 어지럽게 춤을 추듯이 살아오다가 이제 나만의 강줄기를 따라 달빛을 품으며 삶을 영위해 가야하는 것을 시인은 노래하고 있다.

새로 바른 한지창(韓紙窓)에
묵매(墨梅)치는 달그림자

바람도 숨을 죽여
울밖에 서성이는데

먼 데 산 산꿩 소리에
작은 귀를 키운다.

적막도 깊어지면
시름되어 흐르는 것

덮어 놓은 책갈피를
탈출하는 집념의 강

끝내는 절망을 벗고
길을 여는 시간의 벽.

—「가을 그림자」 전문

작품「가을 그림자」는 달빛이 한지창에 묵매를 그리는 날에는 바람도 조용하게 서성이면서 먼 데 산꿩의 울음소리를 듣게 된다. 달빛의 적막이 깊어지면 내 마음 속 적막이 시름으로 흐르고 책갈피에 내가 읽고 생각하던 집념들이 흩어져가고 결국은 절망을 벗어버리고 가을의 소리를 들으며 삶의 허망도 함께 느끼면서 삶의 진실을 알게 되는 것이다.

임진란에 죽은 도공(陶工), 죽어 하얀 흙이 되다.
회한 속에 묻힌 임네 한 조각 심장만 살아
살과 뼈 뜨겁게 비비며
피로 짜던 월광곡.

빛이 선다.
가랑잎에 묻힌 임의 서러운 눈빛.
흙 묻은 숨소리를 역사 앞에 정결히 씻고

청청한 씨알을 캐며 퍼져나는 흰 빛이여!

천년 세월 사무친 혼 강 따라 다 흘렀어도
점토로 앓던 넋이 달빛 먹고 우뚝 솟아
비로소 옷고름 풀며
아! 숨을 쉬는 목숨 한 점.

—「백자 앞에서」 전문

시인은 작품 「백자 앞에서」 를 통해 임진왜란 때 붙잡혀 간 도공들의 삶을 생각하면서 그 도공이 죽어 하얀 혼을 남긴 백자빛 흙이 되어 되살아나는 삶을 생각하고 있다. 달빛 속에서 빛던 백자 달 항아리, 흰빛으로 세상을 살다가 흙 묻은 숨소리를 한없이 한탄하며 역사 앞에서 깨끗한 마음으로 살아있는 흰빛으로 서겠다는 각오이다. 오랜 세월동안 사무친 혼으로 남는다. 한 줌 흙으로 앓던 넋이 달빛과 함께 섞어서 비로소 흰빛으로 우뚝 솟은 살아 숨 쉬는 모습으로 우리들에게 다가온다.

오늘도 사북(舍北)행 열차는 운행되고 있었다.
움푹 패인 가슴으로 검은 한숨이 흐르고
모두가 떠나가 버린 숲
널부러진 꿈의 파편.

정제되지 못한 소망
지층 속에 남았는데
파 들어간 막장에도 분수의 꿈은 솟구치고

보름달 솟는 밤이면 반딧불로
떠돌던 혼.

그대 기억하게나
벗고 싶었던 남루의 탈을.
갱목 사이사이 질긴 목숨 받쳐 놓고
한 때는 힘차게 달리던 길
겨울 수사(修士)로 누운 사북.

— 「사북, 혹은 갈망의 숲」 전문

작품 「사북, 혹은 갈망의 숲」을 통해, 강원도 철암 장성 사북을 말하면 석탄 산지를 생각할 수 있다. 이제는 모두가 떠나버린 그곳 검은 흙들만 산곡마다 구멍 나 있다. 마지막 남은 지층 속에는 아직도 막장을 이야기하고 솟구치는 꿈의 파편들이 보슬비처럼 내리는 곳, 보름달 같은 밤은 못 되도 반딧불처럼 어린 꿈들이 아직 남아 있는 곳, 그 검은 얼굴로 막장까지 들어갔다가 나오는 아픔과 남루의 탈을 그 질긴 목숨으로 갱목을 의지하여 지탱하고 한 때는 수많은 돈이 들끓던 곳, 이제는 아무도 없는 겨울 벌판에 눈 내리는 곳이라고 보는 것이다.

사직의 넋은
늘 장막에 가려 있었다.
보이지 않는 언덕 너머 빛깔 푸른 햇살을 향해
해풍(海風)만 칭얼거리며 몸부림을 치던 역사.

피멍든 쇠사슬을 바다 깊숙이 묻어놓고
밀었다가 당기다가 수장시킨 왜구의 넋.
물살은 새파랗게 살아남아
강강수월래 전한다.

누구냐?
아직도 잠들지 못한 이는.
상처 많은 송진 내음 마디마디 삭정인데
울돌목 그 푸른 함성으로 맥을 잇는 겨레여!
—「울돌목에서」 전문

작품「울돌목에서」는 임진왜란 때 해전을 이야기하게 되고 그 해전에서 이순신 장군의 모습을 떠올리게 된다. 명량해전의 승리는 이순신 자신의 전술도 중요한 한 몫을 차지하고 주민들의 도움 없이는 이룰 수 없는 전과이지만 울돌목(鳴梁)의 지형도 한 몫을 한 덕분이며 그곳은 말 그대로 물이 돌면서 운다고 해서 붙여진 이름이다. 울돌목은 지금 진도 대교 바로 밑에 흐르는 바다의 길목이다.

이순신 장군은 쇠사슬을 바다 밑에 잠입시켰다가 왜적선이 돌진해 오는 시기를 틈타서 쇠사슬을 잡아당겨서 한꺼번에 수십 척의 왜선을 침몰시켰으며 지형지물을 잘 이용한 장군의 지략을 높이 산 전투이다.

조시인은 그곳의 역사를 잘 알고 있으며 물살의 빠름도 알고 있는 시인이다. 우리 겨레가 이순신의 전적으로 인해 우리나라가 살고 조상들이 살고 지금의 후손들이 살아가고 있는 것이다.

오기로 가꿔 놓은 실낙원의 한 귀퉁이
잡목과 꽃 사이로 사계절이 흐르는데
뚜렷한 증거를 댈 수 있다.
우리들의 미래여.

뿌리고 가꾸다 보면 맑아 오는 영혼 줄기
이 시대의 우울들을 모조리 뽑고 보면
맨발로 뛰어오는 바람
출렁이는 유람선.

길 솟은 열대림과
어우러진 남도 사투리
지느러미 파닥이며 해금강이 넘실대면
마침내 섬은 노래부른다
청동피리 화음으로.

— 「外島, 그리고 꿈」 전문

작품 「外島, 그리고 꿈」을 읽으면서 생각나는 것은 이 세상에서 어느 곳에서나 한두 사람의 희생으로 이렇게 좋은 환경을 후세에 남겨줄 수 있지 아니한가.

외도(外島)는 남해의 한 조그마한 섬에 불과하다. 그 섬에서 어느 교사부부가 정착하면서 그 섬을 일구고 새롭게 만들면서 조금씩 투자를 해서 지금의 외도가 되었다는 이야기를 들었다.

조시인은 외도(外島)를 여행하며 그 미래를 꿈꿔보면서 삶의 뚜렷한 증거를 댈 수 있는 미래를 찾을 수 있는 것을 보고 있다. 가꾸는 사람은 얼마 되지 않지만 그 영향으로 인해 수많은 관광객들은 쉴 새 없이 오고가는 발길을 보면서 모든 우울증과 스트레스를 날려 보낼 수 있는 곳으로 보고 있다. 주위의 열대림, 남도 사투리가 어우러지고 해금강의 주위에 파닥이며 넘실대는 파도와 섬들의 노래 소리를 시인은 듣고 있다.

전등사에 부는 바람은
언제나 차갑습니다.
경멸에 찬 눈빛보다
더 차가운 것은 없습니다.
오늘도 숱한 시선들 앞에
그녀는 떨고 있습니다.

사랑한 게 죄라면
세상은 모두 지옥입니다.
풍경(風磬)은,
다 잊으라며 불경만 외워대고
나녀(裸女)는 아픔을 끌어안은 채
그냥 앉아 있습니다.

—「전등사의 바람」 전문

강화도는 전란의 오랜 시달림을 갖고 있는 섬이기도 하며 우리나라 혼의 시발지라고도 할 수 있다. 올림픽 성화나 체

육대회 때 채화를 하는 마니산에서 해오기도 하며 역대 나라가 어려움을 닥칠 때마다 강화도로 피신을 하는 것도 그런 것이 아니겠는가?

조시인의 작품「전등사의 바람」을 읽어보면 그 법당 네 귀퉁이에 발가벗겨 앉혀 놓은 나녀(裸女)상에게 연민의 정을 은근히 주고 있는 듯하다.

전설에 의하면 절을 중수하는 도편수(都便手)가 절을 지으면서 오랫동안 집에도 못가고 일을 하다가 술집 여인과 눈이 맞아서 새로운 살림을 차리려고 그 여인이 돈이 필요하다하여 도편수가 번 돈을 모두 술집 여인에게 맡겨놓았는데 어느 날 갑자기 사라지고 없어져서 화를 이기지 못하여 평생 기둥 위에 발가벗고 앉아 무거운 지붕을 떠받들고 살도록 하기 위해서 그렇게 했다는 것이다. 그래서 도편수(都便手)의 화가 지금도 그 나녀(裸女)상으로 하여금 무거운 짐을 풀지 못하게 한 것이 우리가 보는 나녀상인 것이다.

단종을 뵈러 가는 날
서강물은 아주 흐렸다.
속절없던 눈물들이
얼마나 피맺혔으리.
조용히 흐를 수 있는가
울부짖는 강물이여!

서강에는
래프팅을 띄우지 말아야 하리.
피맺힘 잊은 채로 희희낙락
아! 어쩌랴.
삼면은 빠른 강줄기
뒷면은 절벽인 유배지여!

—「청령포에서」 전문

우리는 흔히 청령포에서 단종의 아픈 역사를 이야기 하고 서강의 깊은 물줄기를 안고 도는 그 맞은 편 강변에서 왕방연이 읊고 가는 시조 한 수(首)의 소리도 듣고 있는 것이다. 조시인은 둘째 수에 보면 거기에서 래프팅 하며 희희낙락하는 사람들이 못마땅함을 작품 속에서 토로하고 있다.

지금까지 청령포에 대한 작품을 보아도 그런 생각을 갖고 쓴 작품은 하나도 없다. 오직 조시인의 작품에서만 역사의식이 투철한 것을 엿볼 수 있어 좋다.

푸랑크푸르트 거리 한 구석
자리 잡은 괴테 생가
그대 붓끝에서
파우스트가 태어나고
그대의 예리한 생각
은 세상의 빛이었지.

세상에 태어나서
이름을 남길 수 있다면
살아온 인생길이

구름 같다고 말하랴
나 또한 무딘 붓끝을
갈아가며 살겠네.

—「괴테 생가에서」 전문

작품「괴테 생가에서」는 괴테의 삶에 대한 일, 그가 남기고 간 작품들을 생각하며 시인은 새로운 각오와 자신의 삶에 대해 다시 가다듬고 무딘 붓끝을 꼿꼿이 세울 각오를 다짐하는 것이다. 괴테의 「파우스트」「젊은 베르테르의 슬픔」을 읽고 중학교 시절 얼마나 울었는지 눈이 퉁퉁 부어 있을 때도 있었다.

문인으로서 평생 남겨 둬야할 한 작품이라도 있었으면 하는 시인들도 많다. 시인이 죽고 나서 시비(詩碑)가 세워지고 많은 사람들의 입에서 회자(膾炙)되는 시가 있을 것을 기대하는 시인이 얼마나 될까?

인간의 역사는 위대하였다.
붉은 대리석 건물
중세 영화에서 보아온
사자가 나오던 광장
덜커덩 철문이 열리며
들려오는 함성 소리

인간은 잔인하였다.
사자와 인간의 싸움
사자와 싸워 살아남은 자는

용서받을 수 있었다지.
누구를 용서할 수 있는가
우리 또한 원죄의 인간.

—「콜롯세움 앞에서」 전문

작품「콜롯세움 앞에서」는 〈유럽나들이 · 16〉이라는 부제가 붙은 작품이다.

그 콜롯세움 앞에서 시인은 지난 날 로마시대에 그 잔인한 살상과 사자를 풀어 놓고 사람을 물어 죽이는 실제상황을 영화를 통해보던 그런 악랄한 그들이 떠오르고 있는 것이다. 그 함성소리에 사자를 이기고 일어서는 그 용맹한 자들은 용서를 하고 살려 주었다고 하는데, 시인은 반문한다. 누구를 용서하고 용서하는 자는 그 누구인가? 인간 모두가 죄인인 것을…….

이상에서 趙根鎬 시인의 시집에 실린 작품을 잘 읽어 보았다. 앞으로 세상을 다시 산다면 조시인 만큼 알차게 살아 보고 싶은 생각이 뇌리에 계속 남는다. 그러나 그것이 인위적으로는 안 되는 것을 알면서 사람의 욕심으로만 이루어질 수 없다는 걸 살아가면서 터득하게 된다.

이런 시구(詩句)가 생각난다. 杜鵑啼白晝(두견제백주) 始覺卜居深(시각복거심) 〈두견새 한낮에도 슬피 우니, 비로소 깨달았네. 내 자신이 깊은 산에 사는 것을〉. 이 작품과 같이 조시인에게는 항상 봄이 머물러 있고 또 행복이 늘 함께 존재한다는 것을 내 자신은 깨닫지 못할 때가 있을지도 모른다고 생각한다.

조근호 시인의 작품은 언제나 읽어봐도 이미지의 형상화가 잘 살려져 있고 늘 대해보아도 긍정적인 삶의 자세가 느껴지면서 작품성도 갖추어져 있어서 한국의 시조시인들 중에서도 선두주자를 자처해도 될 만큼 살아 움직이는 시를 쓰고 있다. 필자의 시 해설이 조시인의 훌륭한 작품에 누가 되지 않을까 두려움을 금치 못하면서 필을 놓는다.

淸浪 趙根鎬 詩人 年譜

0. 1950년 10월 13일 전북 익산시 여산면 두여리에서 출생
(父: 趙載本님, 母: 張仁燮님 5남2녀 중 4남)
충남 논산시 성동면 삼산리에서 성장

0. 학력

- 성동초등학교 졸업(1963)
- 논산대건고등학교 졸업(1972)
- 공주교육대학교 졸업(1974)
- 한국방송통신대학교 국어국문학과 졸업(1989 문학사)
- 충남대학교 교육대학원 졸업(1996 교육학석사)

0. 교직 생활

- 1974.12.10.~2005.2.28. 이화, 성광, 봉동, 논산동성, 용남, 서령, 청운, 강경산양, 논산동성초등학교 교사
- 2005.3.1.~2011.2.28. 호암, 용남초등학교 교감
- 2011.3.1.~2013.2.28. 아산시 모산초등학교 교장

0. 교육 논문

- 제25회 현장교육연구대회 3등급(충청남도교육회장)
- 1교원 1현장 연구대회 2등급(충청남도교육감)
- 전국교사논문모집 2등급(한국글짓기지도회장)
- 제28회 현장교육연구대회 2등급(충청남도교육회장)
- 1교원1현장연구대회 2등급(충청남도교육감)
- 제32회 현장교육연구대회 1등급(충청남도교육회장)
- 제32회 전국현장교육연구대회 2등급(대한교육연합회장)
- 제33회 현장교육연구대회 1등급(충청남도교육회장)
- 제33회 전국현장교육연구대회 1등급
  (푸른기장, 대한교육연합회장)
- 「현대시조의 공간의식 연구」(석사학위 논문)

0. 교육관련 표창

- 통일문예 학생지도 유공 표창(부총리 겸 통일원장관)
- 통일문예작품모집 우수 표창(국토통일원장관)
- 전국현장교육연구대회 우수교원 표창(문교부장관)
- 국민교육 유공 교원 표창(교육부장관)
- 모범공무원 표창(국무총리)
- 교육감 및 교육장 표창 15회
- 직무연수 성적 우수, 생활모범 표창(충청남도교육연수원장)
- 스카우트공로장 무궁화동장 외
  (한국보이스카우트연맹 총재)
- 한국교육발전 공로상 외(한국교원단체총연합회장)

0. 교육활동

- 초등교원 임용고사 논술심사 등 각종 심사위원 110여회
- 「학습하는 방법의 학습」 등 장학자료 발간 20여회
- 충청남도 학력평가 국어과 출제 등 출제위원 20여회
- 초등학교 1급정교사 자격연수 국어과 강사 3년
- 초등교원 수업연구대회 심사위원 2년
- 자녀교육 관련 학부모교육 강사 20회
- 초등교원 독서 논술 지도 방법 강의 10회
- 한국문예진흥원 주부 시창작 교실 강사 10회

0. 문단 등단

- 1984년, 시조문학 시조 추천 완료(師道, 달빛 抒情)
- 1990년, 충청일보 신춘문예 시조 당선(塔쌓기)
- 2005년, 문학사랑 신인상 문학평론 당선

0. 경력

- 한국문인협회 회원
- 한국시조시인협회 회원
- 한국시조문학진흥회 이사 역임
- 한국문예교육연구회 이사 역임
- 대전문인협회 이사, 감사 역임
- 대전시조시인협회 이사 및 부회장 역임

0. 시집

- 『겨울 엽서』 호서문화사(1991)
- 『그대의 강에 흐르는 갈채』 오늘의문학사(1998)
- 『달빛 밟기』 오늘의문학사(2003)
- 『바람의 동행』 오늘의문학사(2012)

0. 평론집

『유동삼의 시조와 삶』(편저) 오늘의문학사(2005)

0. 문학상 수상

- 충남외솔상(1985)
- 한국동시조문학상(1987)
- 대전문학상(1998)
- 한국시조문학상(1999)
- 인터넷문학상(2002)

저자주소

우. 305-773
대전광역시 유성구 지족동 반석마을 호반@ 304-1102
전화 (042) 826-3315, H.P: 016-897-3332
이메일 rootcho50@hanmail.net

바람의 동행

조근호 시집

발 행 일 | 2012년 10월 30일
지 은 이 | 조근호
발 행 인 | 李憲錫
발 행 처 | 오늘의문학사
출판등록 | 제55호(1993년 6월 23일)

주　　소 | 대전광역시 동구 삼성1동 125-6 한밭오피스텔 401호
전화번호 | (042)624-2980
팩시밀리 | (042)628-2983
홈페이지 | http://www.lito77.co.kr(홈페이지)
전자우편 | hs2980@hanmail.net

공 급 처 | 한국출판협동조합
주문전화 | (070)7119-1741~2
팩시밀리 | (031)944-8234~6

ISBN 978-89-5669-524-2
값 10.000원